新质生产力简论

XINZHI SHENGCHANLI JIANLUN

向晓梅　郭跃文　主编

SPM
南方传媒 广东人民出版社
·广州·

图书在版编目（CIP）数据

新质生产力简论 / 向晓梅，郭跃文主编. —广州：广东人民出版社，2024.5

ISBN 978-7-218-17576-8

Ⅰ.①新… Ⅱ.①向… ②郭… Ⅲ.①生产力—发展—中国 Ⅳ.①F120.2

中国国家版本馆CIP数据核字（2024）第099270号

XINZHI SHENGCHANLI JIANLUN

新 质 生 产 力 简 论

向晓梅　郭跃文　主编

出 版 人：肖风华

选题策划：肖风华　黄少刚
出版统筹：卢雪华　曾玉寒
责任编辑：伍茗欣　李宜励　魏璋倩
责任校对：帅梦娣
装帧设计：樣本工作室
责任技编：吴彦斌

出版发行：广东人民出版社
地　　址：广州市越秀区大沙头四马路 10 号（邮政编码：510199）
电　　话：（020）85716809（总编室）
传　　真：（020）83289585
网　　址：http://www.gdpph.com
印　　刷：广州市岭美文化科技有限公司
开　　本：787mm×1092mm　1/16
印　　张：16　　字　数：300 千
版　　次：2024 年 5 月第 1 版
印　　次：2024 年 5 月第 1 次印刷
定　　价：58.00 元

如发现印装质量问题，影响阅读，请与出版社（020-85716849）联系调换。
售书热线：020-87716172

目录

绪　言

新质生产力简论

　　生产力是推动历史发展的决定性力量，是推动社会进步的最活跃、最重要的因素。解放和发展社会生产力是社会主义的本质要求，是中国共产党人接力探索、着力解决的重大问题。面对新一轮科技革命和产业变革，习近平总书记准确洞察和把握世界科技和经济发展大趋势，在总结实践的基础上，创造性提出新质生产力理论。这一新理论的提出，科学地回答了"什么是新质生产力""为什么要发展新质生产力""怎样发展新质生产力"等一系列重大理论和实践问题，具有深刻的理论意义、重大的实践意义和非凡的战略意义。

　　2023年9月以来，习近平总书记对发展新质生产力的一系列重大理论和实践问题作了系统阐述。

　　2023年9月，习近平总书记在黑龙江考察期间首次提出"加快形成新质生产力"①。

　　2023年12月，在中央经济工作会议上，习近平总书记强调："要以科技创新推动产业创新，特别是以颠覆性技术和前沿技术催生新产业、新模式、新动能，发展新质生产力。"②

　　2024年1月，习近平总书记在主持二十届中共中央政治局第十一次集体学习时指出，"新质生产力是创新起主导作用，摆脱传统经济增长方式、生产力发展路径，具有高科技、高效能、高

---

　　① 《牢牢把握在国家发展大局中的战略定位　奋力开创黑龙江高质量发展新局面》，《人民日报》2023年9月9日。

　　② 《中央经济工作会议在北京举行》，《人民日报》2023年12月13日。

质量特征，符合新发展理念的先进生产力质态。它由技术革命性突破、生产要素创新性配置、产业深度转型升级而催生，以劳动者、劳动资料、劳动对象及其优化组合的跃升为基本内涵，以全要素生产率大幅提升为核心标志，特点是创新，关键在质优，本质是先进生产力"[①]。

2024年2月，习近平总书记在主持二十届中共中央政治局第十二次集体学习时强调："要瞄准世界能源科技前沿，聚焦能源关键领域和重大需求，合理选择技术路线，发挥新型举国体制优势，加强关键核心技术联合攻关，强化科研成果转化运用，把能源技术及其关联产业培育成带动我国产业升级的新增长点，促进新质生产力发展。"[②]

2024年3月，习近平总书记参加他所在的十四届全国人大二次会议江苏代表团审议时强调，"发展新质生产力不是忽视、放弃传统产业，要防止一哄而上、泡沫化，也不要搞一种模式。各地要坚持从实际出发，先立后破、因地制宜、分类指导"[③]。

2024年3月，习近平总书记在看望参加全国政协十四届二次会议的民革、科技界、环境资源界委员并参加联组会时号召："科技界委员和广大科技工作者要进一步增强科教兴国强国的抱负，担当起科技创新的重任，加强基础研究和应用基础研究，打

[①] 《加快发展新质生产力　扎实推进高质量发展》，《人民日报》2024年2月2日。
[②] 《大力推动我国新能源高质量发展　为共建清洁美丽世界作出更大贡献》，《人民日报》2024年3月2日。
[③] 《因地制宜发展新质生产力》，《人民日报》2024年3月6日。

好关键核心技术攻坚战，培育发展新质生产力的新动能。"①

2024年3月，习近平总书记在湖南考察时强调："科技创新是发展新质生产力的核心要素。要在以科技创新引领产业创新方面下更大功夫……"②

2024年4月，习近平总书记在重庆市考察时强调："深入实施制造业重大技术改造升级和大规模设备更新工程，加快传统产业转型升级，积极培育具有国际先进水平和竞争力的战略性新兴产业。加强重大科技攻关，强化科技创新和产业创新深度融合，积极培育新业态新模式新动能，因地制宜发展新质生产力。"③

高质量发展需要新的生产力理论指导。每逢改革发展关键时刻，总书记都及时掌舵领航、指引方向。习近平总书记关于新质生产力的重要论述，深刻阐明了新质生产力的特征、基本内涵、核心标志、特点、关键、本质等基本理论问题，是对马克思主义生产力理论的创新和发展，谱写了习近平经济思想的新篇章，为推动高质量发展、推进中国式现代化建设提供了强大思想武器和科学行动指南。

实践是理论之源。习近平总书记指出，新质生产力已经在实践中形成并展示出对高质量发展的强劲推动力、支撑力。④进入

① 《积极建言资政广泛凝聚共识　助力中国式现代化建设》，《人民日报》2024年3月7日。

② 《坚持改革创新求真务实　奋力谱写中国式现代化湖南篇章》，《人民日报》2024年3月22日。

③ 《习近平在重庆考察时强调　进一步全面深化改革开放　不断谱写中国式现代化重庆篇章》，新华社2024年4月24日。

④ 《加快发展新质生产力　扎实推进高质量发展》，《人民日报》2024年2月2日。

新时代以来，中国经济这艘巨轮乘风破浪持续前行，靠的是以习近平同志为核心的党中央的远见卓识和坚强领导，奥秘在于从实践中总结经验、升华理论，科学识变，积极应变，主动求变。特别是把创新摆在我国现代化建设全局中的核心位置，坚持科技是第一生产力、人才是第一资源、创新是第一动力，深入实施科教兴国战略、人才强国战略、创新驱动发展战略，完善科技创新体系、加快实施创新驱动发展战略，开辟发展新领域新赛道，不断塑造发展新动能新优势，取得了举世瞩目的辉煌成就。实践出真知。正是源于实践，新质生产力理论一经提出，迅即在全社会引起了强烈的共鸣，成为全社会的共识，形成推动高质量发展的巨大物质力量。

广东作为全国第一经济大省和改革开放的排头兵、先行地、实验区，在中国式现代化建设大局中地位重要、作用突出。深入贯彻党的新质生产力理论，奋力把广东建设成为发展新质生产力的重要阵地，对实现在推进中国式现代化建设中走在前列的使命任务极其重要。中共广东省委高度重视学习贯彻习近平总书记关于新质生产力的一系列重要论述、重大部署。省委常委会召开会议认真学习贯彻习近平总书记重要讲话、重要指示精神，研究加快发展新质生产力的措施，要求全省认真学习领会，切实把思想和行动统一到习近平总书记和党中央关于加快发展新质生产力、扎实推进高质量发展的决策部署上来，不断解放和发展生产力，坚定走好高质量发展之路。全省高质量发展大会聚焦产业和科技互促双强，培育发展新质生产力，不断夯实实体经济为本、制造业当家的根基，持续推动高质量发展。

　　为方便全省广大党员干部群众学习习近平总书记关于新质生产力的重要论述，更好掌握新理论、指导新实践，省委宣传部部署撰写《新质生产力简论》一书。在省委宣传部指导下，广东省社科院、广东省习近平新时代中国特色社会主义思想研究中心充分发挥理论研究优势，联合省委党校、省社科联、中山大学、华南理工大学、暨南大学部分专家学者，跨学科、跨部门协同开展编撰工作。

　　全书用深入浅出、通俗易懂的语言文字，系统阐述新质生产力的内涵、核心要义和本质要求，同时立足广东实践，就新质生产力的根本动力、支撑载体、鲜明底色、广阔空间、体系支撑展开论述。在编撰过程中，我们突出了五个特点。

　　一是注重读原著学原文。学习党的创新理论最有效的办法是读原著学原文。只有在读原著学原文上下足功夫，才能真正做到用党的创新理论武装头脑、指导实践、推动工作。本书系统梳理了习近平总书记关于新质生产力的一系列重要论述，直接引用权威媒体的相关报道，保证了内容的权威性、准确性，便于读者系统学习。

　　二是注重讲理论悟原理。对党的创新理论进行生动宣讲和深度解读是社科专家的重要使命和看家本领。编写本书过程中，在读原著学原文的基础上，专家学者们对新质生产力理论的提出背景、重大意义以及基本内涵等，从理论上阐释解读，帮助读者融会贯通地悟原理，做到触类旁通、学有所悟。

　　三是注重联系广东实践。理论来源于实践。为帮助广大读者深入理解新质生产力这一全新理论，本书在编写过程中注重理论与实践特别是与广东实践紧密联系起来。除了专门介绍广东发展新质生产力的优势与展望外，还在各章节中突出"广东元素"，如论述产业引领时，对广东新型工业化路径、传统优势产业转型升级实践、培育发展战略性新兴产业情况、未来产业布局等均作深入介绍，有助于广大读者在学习党的创新理论的同时，明确广东发展新质生产力的前进方向，认识到在发展新质生产力中肩负的职责和使命，坚定把广东建设成为发展新质生产力重要阵地的信心决心。

四是注重整合团队力量。本书编写团队组建突出"术业有专攻"原则，从省内知名高校、科研院所邀请专家学者"同劳动"，从各领域遴选行家里手担纲各自专长领域编撰任务。同时，运用集中研讨的方式，集思广益，议定写作框架和方向。此外，编写组邀请在一线从事实际工作的同志参与编写，群策群力，跨界集成，确保理论读物的严肃性。

五是注重编辑手法。本书在编写过程中综合运用多样化编辑手法，既开辟延伸阅读的专栏，也加入了一些鲜活案例及图表，直观而形象地解读理论，力求图文并茂，让党的创新理论第一时间"飞入寻常百姓家"，让一线的党员干部群众迅速掌握新质生产力理论全貌，及时学懂弄通做实党的创新理论，用党的创新理论武装头脑、指导实践、推动工作。

理论一经群众掌握，就会变成巨大的物质力量。发展新质生产力是广东自觉履行"经济大省要真正挑起大梁"的责任担当，也是广东干在实处、走在前列、领潮争先的内在要求和现实需要。省委提出要把广东奋力建设成为发展新质生产力的重要阵地，责任重大、使命光荣，呼唤南粤大地广大党员干部团结带领全省人民一道接续奋斗、赛龙夺锦。愿《新质生产力简论》成为您学习领悟新理论、掌握运用新理论的好教材好帮手！

一

新质生产力理论的提出

习近平总书记准确洞察科技革命与产业变革发展趋势，从我国生产力发展的现实出发，立足高质量发展的内在要求，创造性提出新质生产力理论。这一前瞻性、引领性理论，是马克思主义生产力理论中国化时代化的最新成果，谱写了习近平经济思想的新篇章，为新征程上推进高质量发展提供科学指引。广东要切实把思想和行动统一到以习近平同志为核心的党中央关于加快发展新质生产力、扎实推进高质量发展的决策部署上来，不断解放和发展生产力，坚定走好高质量发展之路。

（一）马克思主义生产力理论的提出与发展

1. 马克思主义生产力理论

在历史的长河中，发展生产力是经济学的永恒主题之一。从历史溯源来看，古典生产力理论是马克思主义生产力理论的基础。古典生产力理论中生产力概念经历了自然生产力（以土地、水为代表）、劳动生产力、资本生产力等不同内涵和质态的演变，提出要以提高劳动生产率和优化资源配置发展生产力的观点，为马克思主义生产力理论创立提供了丰富的思想资源。

《 古典生产力理论代表人物及观点 》

法国经济学家弗朗索瓦·魁奈（Francois Quesnay，1694—1774）是古典生产力理论奠基人，最早提出"土地生产力"。

英国经济学家亚当·斯密（Adam Smith，1723—1790）提出"劳动生产力"，强调劳动分工的重要性。

法国经济学家让·巴蒂斯特·萨伊（Jean-Baptiste Say，1767—1832）、英国经济学家大卫·李嘉图（David Ricardo，1772—1823）和德国经济学家弗里德里希·李斯特（Friedrich List，1789—1846）对生产力要素进行扩展，引入资本等因素。

马克思、恩格斯是生产力理论的重要发展者，不仅在批判性吸收古典生产力理论的基础上，深化发展生产力概念，而且从生产力与生产关系相互作用的视角揭示了社会演进发展的根本规律。作为马克思主义政治经济学的重要组成部分，马克思主义生产力理论通过构建一个完整体系，弥补了前人孤立考察生产力的不足，把生产力研究提升到新的高度，构成了新质生产力理论的理论基石。马克思主义生产力理论包括五个主要观点：

生产力是推动人类社会进步发展的根本动力。在分析了纷繁复杂的社会历史现象后，马克思深刻指出，"人们为了能够'创造历史'，必须能够生活。但是为了生活，首先就需要吃喝住穿以及其他一些东西。因此第一个历史活动就是生产满足这些需要的资料，即生产物质生活本身"[1]。同时，马克思和恩格斯指出，生产力是人类"全部历史的基础"，强调"人们所达到的生产力的总和决定着社会状况"[2]。生产力的发展是社会历史发展的物质基础，在不同的历史时期生产力具有不同的特点和形式，生产力从落后到先进的不断发展是社会形态从低级到高级发展的根本动力。

生产力是包括物质性和社会性两方面的"社会生产力"。在物质性方面，马克思指出："生产力表现为人类改造自然时从事实践活动的生产能力。"更为重要的是，马克思意识到生产力具有社会性、集体性特征。他指出，劳动者基于劳动分工，"从而

---

① 《马克思恩格斯文集》第1卷，人民出版社2009年版，第531页。

② 《马克思恩格斯文集》第1卷，人民出版社2009年版，第533页。

创立了社会劳动的一定组织，这样就同时发展了新的、社会的劳动生产力"①，也即社会生产力。因此，马克思主义生产力理论不再局限于单纯物质性层面，实现了从"物质生产力"到"社会生产力"的跨越。

生产力要素由劳动者、劳动资料和劳动对象三部分构成。马克思指出，生产力概括为三大基本要素，即以生产工具为主的劳动资料、引入生产过程的劳动对象和具有一定生产经验与劳动技能的劳动者。其中，马克思特别强调劳动者的主动作用，认为劳动者是最主动、积极的要素，是一切生产活动的核心。同时，马克思认为生产力是一个多因素且动态变化的系统概念，除了包含劳动者、劳动资料和劳动对象实体性要素外，还包括科学技术、管理等非实体性要素。

"科学技术是生产力"。马克思认为"社会的劳动生产力，首先是科学的力量"，"生产力中也包括科学"。同时，马克思指出，自然科学正在"进入人的生活，改造人的生活，并为人的解放作准备"②，强调科技生产力发展对生产、生活和增进人类福祉方面的巨大作用。另一方面，马克思和恩格斯认为，"技术异化会破坏环境"，"不要过分陶醉于我们人类对自然界的胜利"，蕴含了对科学技术鲜明的生态意识和批判意识。

生产力与生产关系的矛盾运动决定着人类社会发展的总趋势。马克思和恩格斯认为，生产力决定生产关系，生产关系都与同一时期的生产力发展相适应；生产关系对生产力具有反作用，

---

① 《马克思恩格斯文集》第5卷，人民出版社2009年版，第422页。
② 《马克思恩格斯文集》第1卷，人民出版社2009年版，第193页。

生产关系适合或不适合生产力状况，对于生产力发展起着促进或阻碍的作用。这种相互作用构成了人类社会发展的基本矛盾运动，是人类社会形态从一个形态迈进另一个形态变迁的决定性力量。这是马克思主义唯物史观的核心内容。

2. 马克思主义生产力理论中国化的继承与发展

中国共产党始终代表中国先进生产力的发展要求，高度重视并不断解放和发展社会生产力。从毛泽东强调"不搞科学技术，生产力无法提高"[①]，到邓小平提出"科学技术是第一生产力"[②]和"社会主义的本质，是解放生产力，发展生产力，消灭剥削，消除两极分化，最终达到共同富裕"[③]的论断，再到江泽民指出"科学技术是第一生产力，而且是先进生产力的集中体现和主要标志"[④]，胡锦涛指出"提高自主创新能力，建设创新型国家。这是国家发展战略的核心，是提高综合国力的关键"[⑤]，科技创新在经济社会发展全局中的重要地位日益凸显，马克思主义生产力理论得到继承与发展。中国共产党人不断深化对生产力发展的规律性认识，推动了科学技术水平的不断提升，极大地促进了经济社会发展，为新质生产力理论提供了实践基础和重要思想来源。

---

① 《毛泽东文集》第8卷，人民出版社1999年版，第351页。
② 《邓小平文选》第3卷，人民出版社1993年版，第274页。
③ 《邓小平文选》第3卷，人民出版社1993年版，第373页。
④ 《江泽民文选》第3卷，人民出版社2006年版，第275页。
⑤ 《胡锦涛文选》第2卷，人民出版社2016年版，第629页。

（二）习近平总书记创造性提出新质生产力理论

2023年9月6日至8日，习近平总书记在黑龙江考察，并在主持召开新时代推动东北全面振兴座谈会上首次提出"新质生产力"，指出："积极培育新能源、新材料、先进制造、电子信息等战略性新兴产业，积极培育未来产业，加快形成新质生产力，增强发展新动能。"[①]

2023年12月11日至12日，在中央经济工作会议上，习近平总书记指出：要以科技创新推动产业创新，特别是以颠覆性技术和前沿技术催生新产业、新模式、新动能，发展新质生产力。[②]

2024年1月31日，习近平总书记在主持二十届中共中央政治局第十一次集体学习时发表了重要讲话，对"新质生产力"作出全面阐释，指出：发展新质生产力是推动高质量发展的内在要求和重要着力点，必须继续做好创新这篇大文章，推动新质生产力加快发展……概括地说，新质生产力是创新起主导作用，摆脱传统经济增长方式、生产力发展路径，具有高科技、高效能、高质量特征，符合新发展理念的先进生产力质态。它由技术革命性突破、生产要素创新性配置、产业深度转型升级而催生，以劳动者、劳动资料、劳动对象及其优化组合的跃升为基本内涵，以全

---

① 《牢牢把握东北的重要使命　奋力谱写东北全面振兴新篇章》，《人民日报》2023年9月10日。

② 《中央经济工作会议在北京举行》，《人民日报》2023年12月13日。

要素生产率大幅提升为核心标志，特点是创新，关键在质优，本质是先进生产力。①

2024年2月29日，习近平总书记在主持二十届中共中央政治局第十二次集体学习时强调：要瞄准世界能源科技前沿，聚焦能源关键领域和重大需求，合理选择技术路线，发挥新型举国体制优势，加强关键核心技术联合攻关，强化科研成果转化运用，把能源技术及其关联产业培育成带动我国产业升级的新增长点，促进新质生产力发展。②

2024年3月5日，习近平总书记在参加他所在的十四届全国人大二次会议江苏代表团审议时强调：要牢牢把握高质量发展这个首要任务，因地制宜发展新质生产力。发展新质生产力不是忽视、放弃传统产业，要防止一哄而上、泡沫化，也不要搞一种模式。各地要坚持从实际出发，先立后破、因地制宜、分类指导，根据本地的资源禀赋、产业基础、科研条件等，有选择地推动新产业、新模式、新动能发展，用新技术改造提升传统产业，积极促进产业高端化、智能化、绿色化。③

2024年3月6日，习近平总书记看望参加全国政协十四届二次会议的民革、科技界、环境资源界委员并参加联组会议，在听取政协委员们意见和建议后发表重要讲话，强调：科技界委员和广大科技工作者要进一步增强科教兴国强国的抱负，担当起科技创

---

① 《加快发展新质生产力　扎实推进高质量发展》，《人民日报》2024年2月2日。
② 《大力推动我国新能源高质量发展　为共建清洁美丽世界作出更大贡献》，《人民日报》2024年3月2日。
③ 《因地制宜发展新质生产力》，《人民日报》2024年3月6日。

新的重任，加强基础研究和应用基础研究，打好关键核心技术攻坚战，培育发展新质生产力的新动能。①

2024年3月18日至21日，习近平总书记在湖南省考察，并在主持召开新时代推动中部地区崛起座谈会时发表重要讲话，指出：要以科技创新引领产业创新，积极培育和发展新质生产力。立足实体经济这个根基，做大做强先进制造业，积极推进新型工业化，改造提升传统产业，培育壮大新兴产业，超前布局建设未来产业，加快构建以先进制造业为支撑的现代化产业体系。更加重视科技创新和产业创新的深度融合，加强重大科技攻关，增强产业创新发展的技术支撑能力。②

2024年4月22日至24日，习近平总书记在重庆市考察，并在主持召开新时代推动西部大开发座谈会时发表重要讲话，强调：要坚持把发展特色优势产业作为主攻方向，因地制宜发展新兴产业，加快西部地区产业转型升级。强化科技创新和产业创新深度融合，积极培养引进用好高层次科技创新人才，努力攻克一批关键核心技术……因地制宜发展新质生产力，探索发展现代制造业和战略性新兴产业，布局建设未来产业，形成地区发展新动能。③

从习近平总书记在黑龙江考察时首次提出"新质生产力"，到在主持中央政治局集体学习时系统阐述"加快发展新质生产力"，再到2024年在几个重要场合明确要求"因地制宜发展新质

---

① 《积极建言资政广泛凝聚共识　助力中国式现代化建设》，《人民日报》2024年3月7日。

② 《在更高起点上扎实推动中部地区崛起》，《人民日报》2024年3月21日。

③ 《进一步形成大保护大开放高质量发展新格局　奋力谱写西部大开发新篇章》，《人民日报》2024年4月24日。

生产力""广大科技工作者要担当起科技创新的重任，培育发展新质生产力的新动能""要以科技创新引领产业创新，积极培育和发展新质生产力"，习近平总书记高屋建瓴提出和精辟论述新质生产力，深刻回答了"什么是新质生产力""为什么要发展新质生产力""怎样发展新质生产力"等一系列重大理论和实践问题，为新时代新征程推动高质量发展、推进中国式现代化建设提供了科学指引。加快发展新质生产力，成为当前及未来一个时期抓经济工作的"牛鼻子"和立足点。

（三）新质生产力理论提出的时代背景

新质生产力理论，着眼于对科技革命与产业变革的深刻洞察，立足于对生产力发展现实的全局把握，根植于高质量发展的内在要求，锚定于中国式现代化的宏伟蓝图，具有鲜明的时代性和实践性。

领航全球浪潮，新质生产力理论着眼于对科技革命与产业变革的深刻洞察。从历史上看，历次科技革命和产业变革都带来了生产力发展的巨大飞跃，对世界经济结构和竞争格局产生了重大影响。随着新一轮科技革命和产业变革的加速演进，互联网、人工智能、新材料、新能源、生物技术等一系列颠覆性前沿技术加速迭代，呈现出融合交叉、多点突破的态势。科学技术催生着新产品、新业态、新模式不断涌现，不仅推动了生产方式、生活方式和思维方式的变革，更影响了全球经济版图和国际力量格局的深刻重塑，越来越成为生产力中最活跃的因素和最主要的推动力量。在大国博弈日趋激烈的背景下，科技创新成为大国竞争的主要着力点。谁能抢占科技革命和产业变革的先机，谁就能赢得全球新一轮发展的主动权。新一轮科技革命和产业变革赋予生产力前所未有的特征，将带动生产力发生质变。传统生产力已不能满足科技迅猛发展的现实需要，时代呼唤全新的生产力理论的指引。新质生产力理论的提出，既是对人类发展历程中科学技术推动生产力发展经验的深刻总结，也是抢抓科技创新战略机遇赢得优势、赢得主动、赢得未来的重大谋划和部署，意义重大而深远。

表1-1　四次科技革命概况

	第一次科技革命	第二次科技革命	第三次科技革命	第四次科技革命
开始时间	18世纪60年代	19世纪70年代	20世纪中后期	21世纪初
时代名称	蒸汽时代（工业革命）	电气时代（电气革命）	电子信息时代（电子信息革命）	人工智能时代（人工智能革命）
标志性技术	蒸汽机、机械纺纱机等	电力、内燃机等	原子能、计算机、空间技术、生物工程、无线通信	工业互联网、人工智能、大数据、物联网、云计算、虚拟现实、新材料、新能源、生物技术等

（续上表）

	第一次科技革命	第二次科技革命	第三次科技革命	第四次科技革命
主要特点	机械化	标准化、自动化	网络化、信息化	数字化、智能化、绿色化、集约化、万物互联
新兴产业	纺织业、煤炭业、冶金业、铁路运输业、轮船制造业等	电力业、石油业、化工业、钢铁业、汽车工业、飞机制造业等	电子计算机、互联网、软件、移动通信、航空航天业等	战略性新兴产业、未来产业
典型代表	英国	德国、美国、英国等	美国、欧洲、日本、韩国等	欧美、中国等

资料来源：根据《第四次工业革命——行动路线图：打造创新型社会》（中信出版社2018年版）整理。

　　洞察中国现实，新质生产力理论立足于对生产力发展现实的全局把握。生产力是推动经济社会发展的决定性力量，在总体上呈现不断进步发展的趋势，不同阶段生产力表现出不同水平。新中国成立后特别是改革开放以来，中国经济总量和人均收入水平不断跃升，经济实力、科技实力和综合国力显著增强，社会生产力得到极大解放和发展，创造了人类发展史上生产力发展的奇迹。进入新时代，中国经济发展的内外部环境都发生了广泛深刻的变化，为新质生产力理论的形成提供了现实土壤。一方面，中国经济社会各领域发展进入更加注重质量和效益的历史阶段，时代呼唤高科技、高效能、高质量的先进生产力；另一方面，以美国为首的西方国家忌惮中国全面发展，对中国经济全方位实施的"脱钩断链""围堵打压"渐趋增强，中国发展外部环境的复杂性、严峻性、不确定性上升。习近平总书记提出新质生产力理论，从社会生产力的维度深刻揭示了"时代之变"的根本命题，回应了新时代生产力发展的时代诉求，明确了新时代进一步解放和发展生产力的新思路、新举措。

《 中国生产力发展取得举世瞩目成就 》

事实一：2010年中国GDP（国内生产总值）超过日本成为全球仅次于美国的第二大经济体。2023年中国GDP超126万亿元，对世界经济增长贡献率超过30%，成为全球经济增长重要引擎。

事实二：2023年中国人均GDP为8.94万元，超过世界平均水平，已接近高收入国家的"门槛线"。

事实三：中国仅用几十年时间走完了发达国家几百年走过的工业化进程，目前是全球唯一拥有联合国工业分类目录中全部工业门类的国家。

迈向高质量发展，新质生产力理论根植于高质量发展的内在要求。党的二十大报告明确指出："高质量发展是全面建设社会主义现代化国家的首要任务。"[①]现阶段制约我国高质量发展的因素依旧存在，制造业"大而不强"、关键领域核心技术受制

---

① 《高举中国特色社会主义伟大旗帜 为全面建设社会主义现代化国家而团结奋斗》，《人民日报》2022年10月26日。

于人、工业化速度与资源环境承载能力不匹配等问题表明，以要素驱动和投资驱动为指引的传统生产力后劲不足，已无法满足高质量发展的时代要求。高质量发展需要新的生产力理论指导，新质生产力以科技创新为主导，摆脱了传统增长路径，符合高质量发展要求，已经在实践中形成并展示出对高质量发展的强劲推动力、支撑力。因此，加快形成新质生产力，是推动高质量发展的内在要求和重要着力点，是中国经济实现由数量型增长向高质量增长转变的重要支撑和保障。

《 高质量发展 》

高质量发展是全面建设社会主义现代化国家的首要任务，要坚持以推动高质量发展为主题，把实施扩大内需战略同深化供给侧结构性改革有机结合起来，增强国内大循环内生动力和可靠性，提升国际循环质量和水平，加快建设现代化经济体系，着力提高全要素生产率，着力提升产业链供应链韧性和安全水平，着力推进城乡融合和区域协调发展，推动经济实现质的有效提升和量的合理增长。

启航现代化征程，新质生产力理论锚定于中国式现代化的宏伟蓝图。党的二十大提出了以中国式现代化全面推进强国建设、民族复兴的宏伟蓝图。中国式现代化既符合中国国情实际，体现社会主义建设规律，也为其他发展中国家提供了实现现代化的"中国方案"。习近平总书记强调，"实现社会主义现代化，实现中华民族伟大复兴，最根本最紧迫的任务还是进一步解放和发展社会生产力"①。党的二十大报告指出："没有坚实的物质技术基础，就不可能全面建成社会主义现代化强国。"②中国式现代化不是空中楼阁，必须建立在坚实的物质技术基础之上，这个物质技术基础就是新质生产力。新时代新征程亟须形成与中国式现代化相适应的生产力，进一步夯实全面建设社会主义现代化国家的物质技术基础。因此，发展新质生产力，是推进中国式现代化进程行稳致远的关键举措，是不断开创中国特色社会主义事业新局面的必由之路。

《 中国式现代化 》

中国式现代化是中国共产党领导的社会主义现代化，既有各国现代化的共同特征，更有基于自己国情的中国特色。中国式现代化是人口规模巨大的现代化，是全体人民共同富裕的现代化，是物质文明和精神文明相协调的现代化，是人与自然和谐共生的现代化，是走和平发展道路的现代化。

---

① 《习近平谈治国理政》第1卷，外文出版社2018年版，第92页。
② 《高举中国特色社会主义伟大旗帜 为全面建设社会主义现代化国家而团结奋斗》，《人民日报》2022年10月26日。

（四）新质生产力理论提出的重大意义

1. 马克思主义生产力理论中国化时代化的最新成果

新质生产力理论结合新时代中国生产力发展实际，丰富和发展了马克思主义生产力理论，是马克思主义生产力理论中国化时代化的最新成果。从"第一生产力"到"先进生产力"再到"新质生产力"，新质生产力理论贯穿着鲜明的马克思主义立场、观点和方法，与马克思主义生产力理论一脉相承、一体贯通，同时又以马克思主义之"矢"射新时代中国式现代化之"的"，实现了对生产力理论认识的又一次飞跃，是科学回答"中国之问"的重大理论创新。

《 新质生产力理论对马克思主义生产力理论的丰富和发展 》

1. "新质生产力是创新起主导作用，摆脱传统经济增长方式、生产力发展路径，具有高科技、高效能、高质量特征，符合新发展理念的先进生产力质态"[①]，丰富和发展了马克思主义生产力发展理论。

2. "新质生产力是创新起主导作用……以劳动者、劳动资料、劳动对象及其优化组合的跃升为基本内涵"[②]，深化并发展了马克思主义生产力要素构成理论和"科学技术

---

① 《加快发展新质生产力　扎实推进高质量发展》，《人民日报》2024年2月2日。
② 《加快发展新质生产力　扎实推进高质量发展》，《人民日报》2024年2月2日。

是生产力"理论。

3. "深化科技体制、教育体制、人才体制等改革，打通束缚新质生产力发展的堵点卡点"①，丰富和发展了马克思"生产关系必须适合生产力"理论。

2. 谱写了习近平经济思想的新篇章

党的十八大以来，面对中华民族伟大复兴战略全局和世界百年未有之大变局，以习近平同志为核心的党中央科学判断经济形势，深刻把握我国经济阶段性特征和发展规律，创造性地提出了一系列新理念新思想新战略，形成了习近平经济思想。新质生产力理论是经济学领域的新范畴，是习近平经济思想的重要组成部分。从"新发展阶段""新发展理念""新发展格局"再到"新质生产力"，环环相扣、层层深入，构成了一个逻辑严密、内涵丰富、系统全面的科学体系，系统回答了新时代新征程"什么是高质量发展""为什么要高质量发展""怎样实现高质量发展"等重大理论和实践问题，标志着我们党对经济发展阶段性特征和规律的认识达到了新的高度，为新时代中国经济高质量发展提供了指导方针和根本遵循。新质生产力理论与时俱进丰富和发展了习近平经济思想，促进了中国特色社会主义政治经济学的理论创新，成为中国经济发展的全新课题。

---

① 《因地制宜发展新质生产力》，《人民日报》2024年3月6日。

《 新质生产力与新发展阶段、新发展理念、新发展格局 》

1. 新质生产力是匹配新发展阶段的先进生产力。新发展阶段是发展新质生产力的历史方位，这一新阶段迫切要求必须以有别于传统生产力的全新视角和深刻洞察力，全面认识和把握新质生产力的本质属性及其鲜明特征，赋予新质生产力鲜明的中国特色和时代价值。

2. 新质生产力是符合新发展理念的先进生产力。新发展理念是新质生产力发展的指导原则，发展新质生产力必须完整准确全面贯彻新发展理念，形成创新成为第一动力、协调成为内生特点、绿色成为普遍形态、开放成为必由之路、共享成为根本目的的先进生产力。

3. 新质生产力是支撑新发展格局的先进生产力。实现高水平科技自立自强、建设现代化产业体系、推动高水平对外开放均是发展新质生产力的关键任务。发展新质生产力将立足全国统一大市场建设，不断增强国内大循环的内生动力和稳定性，不断增强对国际大循环的吸引力和推动力，进而更好实现国内循环和国际循环的相互促进。

3. 全面推进高质量发展、加快中国式现代化建设的科学指南

科学的理论对实践起着重要的指导和推动作用。新质生产力理论为新时代解放和发展生产力指明了前进方向，为如何推进中国式现代化的"中国之问"提供了重要指引，蕴含着深厚的实践意蕴。

新质生产力简论

　　加快形成新质生产力是实现高水平科技自立自强的战略选择。世界各国特别是大国之间的竞争，归根到底是科学技术的竞争。发展新质生产力就是要瞄准新一轮科技革命和产业变革的机会窗口期，及早布局和攻关新兴科学技术，依靠原创性、前沿性、颠覆性的新技术布局新领域、开辟新赛道、创造新产业，实现"变道超车""换道领跑"。加快形成新质生产力，推动实现高水平科技自立自强，将极大增强中国的生存力、竞争力、发展力、持续力，为抢占发展制高点、掌握发展主动权提供坚实的科技后盾。

　　加快形成新质生产力是激活高质量发展新引擎、注入高质量发展新动能的关键所在。加快形成新质生产力将有助于推动中国产业数字化、智能化、绿色化、融合化转型，切实优化资源配置效率、提升全要素生产率，驱动实现经济发展的质量变革、效率变革、动力变革。新质生产力的发展催生了新产品、新服务、新产业、新业态和新模式的涌现，壮大战略性新兴产业和未来产业的发展，为全面建设现代化产业体系构筑坚实支撑。新质生产力作为中国迈入高质量发展阶段的主要驱动力，通过培育竞争新优势、蓄积发展新动能，推动经济实现质的有效提升和量的合理增长，助力中国经济发展焕发新活力、迈上新台阶。

　　加快形成新质生产力是实现人与自然和谐共生的路径选择。习近平总书记指出："绿色发展是高质量发展的底色，新质生产力本身就是绿色生产力。"[①]生态环境事关中国式现代化全局、

---

　　① 《加快发展新质生产力　扎实推进高质量发展》，《人民日报》2024年2月2日。

关乎民族未来，中国生态环境保护结构性、根源性、趋势性压力尚未根本缓解，必须以高品质生态环境支撑高质量发展。与传统生产力高消耗、高污染、高排放的特征不同，新质生产力以实现人与自然和谐共生为目标，以绿色科技创新为驱动，以环境友好型、资源节约型为特征，是推动经济社会发展全面绿色转型的重要着力点。发展新质生产力，是树牢绿水青山就是金山银山发展理念的重要体现，有利于充分凝聚绿色新动能，开辟绿色发展新领域新赛道，不断探索生态文明建设新路径，让新质生产力的绿色动力和生态活力相得益彰、生生不息。

加快形成新质生产力是实现全体人民共同富裕的必由之路。共同富裕是中国特色社会主义的本质要求，是中国式现代化的重要特征，以中国式现代化推进共同富裕是中国共产党的初心使命。新质生产力扎根于新时代新征程伟大实践，同中国共产党的初心使命相呼应，以扎实推进共同富裕为历史使命。发展新质生产力，根本目标在于践行以人民为中心的发展思想，促进发展成果由人民共享，不断提升人民群众获得感、幸福感、安全感，更好满足人民日益增长的美好生活需要，为人的自由全面发展创造条件。因此，新质生产力理论体现了习近平新时代中国特色社会主义思想在生产力发展问题上的理论自信，彰显了中国特色社会主义制度的优越性，必将引领中国社会经济发展朝着中华民族伟大复兴的目标奋勇前进，为全球生产力变革跃迁和人类文明进步贡献中国智慧。

《 发展新质生产力与实现全体人民共同富裕 》

1. 新质生产力的发展将推动社会财富的持续性增长，将扩大社会财富总量，为财富创造和财富分配奠定良好的物质基础。

2. 新质生产力的发展将加速共享经济、平台经济、数字教育、数字医疗等新业态新模式的涌现，将增加就业机会，将提升消费质量和生活品质。

3. 新质生产力的发展将促进城乡之间、区域之间生产力资源的合理布局和优化配置，为破解发展不平衡不充分问题提供新动能。

4. 新质生产力的发展将拓展科技创新赋能文化建设的新场景、新路径，促进文化事业的繁荣和文化产业的发展，实现物质富足、精神富有的协调发展。

（五）广东深入学习贯彻新质生产力理论

2024年2月6日，广东省委常委会召开会议，认真传达学习习近平总书记在二十届中共中央政治局第十一次集体学习时的重要讲话、重要指示精神，研究广东省贯彻落实意见。会议指出：习近平总书记在中央政治局集体学习时的重要讲话，回顾总结新时代以来党中央推动高质量发展取得的丰硕成果，客观分析制约高质量发展的问题因素，全面阐明以加快发展新质生产力推动高质量发展的现实意义、方法路径和重要举措。习近平总书记关于新质生产力的一系列重要论述、重大部署，是对马克思主义生产力理论的创新和发展，进一步丰富了习近平经济思想的内涵，为我们推动高质量发展提供了科学指引。

2024年2月18日，省委、省政府在深圳召开全省高质量发展大会，聚焦产业科技话创新、谋未来，不断夯实实体经济为本、制造业当家的根基，持续推动高质量发展。会议指出：生产力是一切社会发展的最终决定力量，推进现代化建设最重要的是发展高度发达的生产力。习近平总书记创造性提出新的生产力理论，强调发展新质生产力是推动高质量发展的内在要求和重要着力点，深刻阐明了发展新质生产力同科技创新和产业创新的关系，谱写了习近平经济思想的新篇章，让我们推动高质量发展有了更加明确的方向和抓手。

2024年3月13日，全省干部大会在广州召开，传达学习习近平总书记在全国两会上的重要讲话精神、李强总理参加广东代表团审议时的讲话精神和全国两会精神，部署我省贯彻落实工作。会议强调：要深刻领会总书记、党中央关于因地制宜发展新质生产力的重要要求，深刻认识发展新质生产力的极端重要性和现实紧迫性，深刻把握发展新质生产力的本质要求和重要原则，坚持从实际出发，先立后破、因地制宜、分类指导，聚焦打造具有全球影响力的产业科技创新中心，加快推进高水平科技自立自强，不断夯实实体经济为本、制造业当家的根基，增强高质量发展的"硬实力"，使广东成为发展新质生产力的重要阵地。

发展新质生产力是广东的战略之举、长远之策，要切实把思想和行动统一到习近平总书记和党中央关于加快发展新质生产力、扎实推进高质量发展的决策部署上来，不断解放和发展生产力，坚定走好高质量发展之路。

一是牵牢科技创新"牛鼻子"。要有组织地推进基础研究和前沿研究，加快构建全过程创新链，强化企业创新主体地位，大力推进原创性、颠覆性科技创新，更大力度推动科技成果转移转化应用，实现"从0到1"的突破和"从1到N"的应用转化，加快打造具有全球影响力的产业科技创新中心。

二是打造产业载体"生力军"。发挥好广东应用场景多、产业配套强、成果转化快的优势，围绕发展新质生产力布局产业链，改造提升传统产业，培育壮大新兴产业，超前布局未来产业，加快建设更具国际竞争力的现代化产业体系。

三是用好创新人才"领头雁"。抓住用好粤港澳大湾区高水平人才高地建设机遇，坚持高标准精准引进和高质量自主培养两手抓，加快培养各类战略人才、急需紧缺人才，积极引进各行各业各类人才，持续提升劳动者技术技能水平，加快建设一支高素质劳动大军，让广东的人才金字塔"塔基更实、塔身更强、塔尖更高"，进一步把人口红利转化为创新红利、发展红利。

四是深化改革搬除"绊脚石"。着眼塑造新型生产关系，打通束缚新质生产力发展的堵点卡点，深化科技体制改革、营商环境综合改革、投融资体制改革等，坚持在开放合作中培育和发展生产力，促进先进优质生产要素向发展新质生产力顺畅流动和高效配置。

二

新质生产力的内涵
与特征

2024年1月31日，二十届中共中央政治局就扎实推进高质量发展进行第十一次集体学习，习近平总书记主持并发表重要讲话，对新质生产力作了权威且完整的定义：新质生产力是创新起主导作用，摆脱传统经济增长方式、生产力发展路径，具有高科技、高效能、高质量特征，符合新发展理念的先进生产力质态。它由技术革命性突破、生产要素创新性配置、产业深度转型升级而催生，以劳动者、劳动资料、劳动对象及其优化组合的跃升为基本内涵，以全要素生产率大幅提升为核心标志，特点是创新，关键在质优，本质是先进生产力。①

—————————

① 《加快发展新质生产力　扎实推进高质量发展》，《人民日报》2024年2月2日。

（一）新质生产力形成的动力源

习近平总书记指出，新质生产力"由技术革命性突破、生产要素创新性配置、产业深度转型升级而催生"[①]。在新质生产力体系中，以技术革命性突破为主力引擎、生产要素创新性配置为控制引擎、产业深度转型升级为加速引擎，三者相互作用，共同发力，成为推动形成新质生产力的三大引擎，为新质生产力提供关键动能。

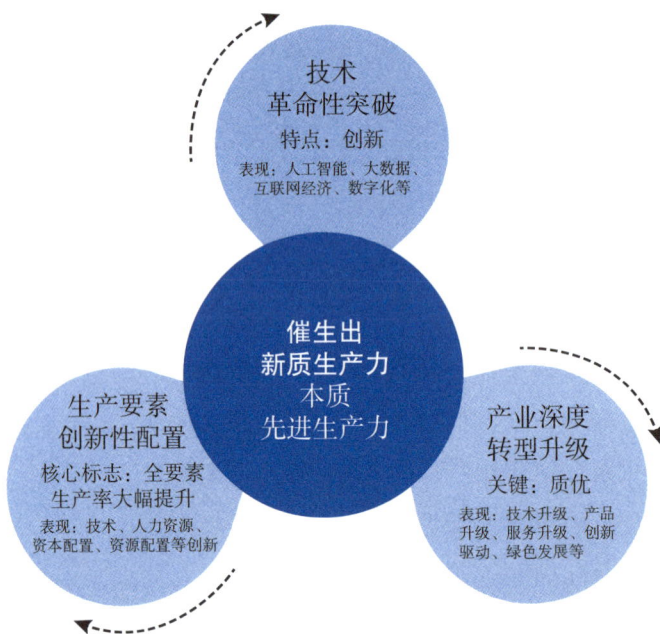

图2-1　新质生产力体系

---

1. 技术革命性突破

新质生产力主要产生在新一轮科技革命和产业变革孕育兴起的新一代信息技术、人工智能、生物医药、新能源、新材料等战略性新兴产业和类脑智能、量子信息、深海空天开发、氢能与储能等未来产业新领域，具有技术新、要素新、产业新、业态新、产品服务新等特点。

2. 生产要素创新性配置

新质生产力是现有产业组织、要素配置的变革性突破。技术、资金、人才、数据、管理、土地等一系列重要的生产要素重新组合、持续优化、不断提升配置效率，特别是数据这个新生产要素优化配置，深度赋能实体经济转型升级，促进全要素生产率提升和生产力发展跃迁。

3. 产业深度转型升级

新质生产力的本质是新技术持续涌现并不断渗透融合深度应用，创造新产品、催生新产业、产生新价值的过程。技术创新促进传统产业深度转型升级、提高技术水平，推动新兴产业增强技术领先优势、拓展新市场，助力未来产业开辟新赛道、成为新动能，从而提升整体产业的技术密集度和产品技术含量。

《第四次科技革命》

第四次科技革命，发生在21世纪初期至今，是继蒸汽技术引发的第一次工业革命、电力技术引领的第二次工业革命、计算机及信息技术主导的第三次科技革命之后的又一场全球范围内的深度技术革新。这次科技革命的核心特征表现为新兴技术的集成创新和跨界融合，具体涵盖人工智能、大数据、云计算、物联网、区块链、5G通信、虚拟现实、增强现实、无人驾驶、3D打印、基因编辑、再生医学、新能源与储能技术等众多领域。

在第四次科技革命中，智能化和数字化成为主流趋势，人工智能赋予机器智能感知和决策的能力，大数据和云计算则支撑起万物互联的信息基础设施。这些先进技术不仅大幅提升了生产力水平和资源配置效率，而且催生了新的生产方式、商业模式、社会治理模式。

（二）新质生产力三要素

习近平总书记指出，新质生产力"以劳动者、劳动资料、劳动对象及其优化组合的跃升为基本内涵"[①]。新质生产力的要素包括新型劳动者、新型劳动资料、新型劳动对象等新型要素，各新型要素之间是相互作用、相互关联的有机统一体，具有强大的

[①] 《加快发展新质生产力 扎实推进高质量发展》，《人民日报》2024年2月2日。

发展动能，能够引领创造新的社会生产时代。

《《　生产力三要素　》》

生产力三要素是指构成生产力的基本组成部分。

1. 劳动者：生产力中最活跃、最革命的因素，是指具有一定生产经验和劳动技能的自然人，包括体力劳动者和脑力劳动者，他们在生产过程中运用智慧和力量，对生产资料进行操作和管理，从而创造出新的价值。

2. 劳动资料：又被称为劳动手段，是劳动者在生产过程中用来作用于劳动对象的一切物质资料和物质条件，例如生产工具、机器设备、厂房、能源设施、信息技术系统等。劳动资料的发展水平直接影响生产力的发展程度。

3. 劳动对象：生产过程中被劳动者加工改造的对象，包括未经加工的自然资源（如矿石、木材、土地等）以及已经加工过的原材料（如棉花、钢铁、零部件等）。

三者相互结合、相互作用。其中，劳动者通过运用先进的劳动资料作用于劳动对象，实现了物质财富的生产和再生产。劳动者素质的提高和技术装备的更新换代对推动生产力发展起重要作用。

1. 更高素质的劳动者

人是生产力中最活跃、最具决定意义的因素，新质生产力对劳动者的知识和技能提出更高要求。发展新质生产力，需要能够创造新质生产力的战略人才，他们引领世界科技前沿、创新创造新型生产工具，包括在颠覆性科学认识和技术创造方面作出重大突破的顶尖科技人才，在基础研究和关键核心技术领域作出突出贡献的一流科技领军人才和青年科技人才；需要能够熟练掌握新质生产资料的应用型人才，他们具备多维知识结构、熟练掌握新型生产工具，包括以卓越工程师为代表的工程技术人才和以大国工匠为代表的技术工人。

2. 更高技术含量的劳动资料

生产工具的科技属性强弱是辨别新质生产力和传统生产力的显著标志。新一代信息技术、先进制造技术、新材料技术等融合应用，孕育出一大批更智能、更高效、更低碳、更安全的新型生产工具，进一步解放了劳动者，削弱了自然条件对生产活动的限制，极大拓展了生产空间，为形成新质生产力提供了物质条件。特别是工业互联网、工业软件等非实体形态生产工具的广泛应用，极大丰富了生产工具的表现形态，促进制造流程走向智能化、制造范式从规模生产转向规模定制，推动生产力跃上新台阶。

3. 更广范围的劳动对象

劳动对象是生产活动的基础和前提。得益于科技创新的广度延伸、深度拓展、精度提高和速度加快，劳动对象的种类和形态大大拓展。一方面，人类从自然界获取物质和能量的手段更加先进，利用和改造自然的范围扩展至深空、深海、深地等；另一方面，人类通过劳动不断创造新的物质资料，并转化为劳动对象，大幅提高了生产率。比如数据作为新型生产要素成为重要劳动对象，既直接创造社会价值，又通过与其他要素的结合、融合进一步放大价值创造效应。

劳动者、劳动资料、劳动对象和基础设施等，都是生产力形成过程中不可或缺的要素。在一系列新技术驱动下，新质生产力引领带动生产主体、生产工具、生产对象和生产方式变革调整，推动要素便捷化流动、网络化共享、系统化整合、协作化开发和高效化利用，从而有效降低交易成本，大幅提升资源配置效率和全要素生产率。

《 新质生产力与传统生产力三要素的区别 》

在科技创新的引领下，战略性新兴产业和未来产业的发展能够促使生产力的三要素发生深刻变化，从而使得新质生产力超过传统生产力，带动经济与社会实现更高水平的发展。

就劳动者而言，与传统生产力相匹配的劳动者主要是普通工人和技术工人，与新质生产力相匹配的劳动者则是智力工人。与普通工人和技术工人相比，智力工人在劳动素质和劳动技能方面表现更加突出，能更好适应智能设备等高端和尖端设备的要求。

就劳动资料而言，与传统生产力相匹配的劳动资料主要是普通的机器设备和电子计算机，与新质生产力相匹配的劳动资料则是战略性新兴产业和未来产业的高端精密仪器和智能设备。高端精密仪器和智能设备能够生产更高端、高品质的产品，提高供给体系的质量和效率。

就劳动对象而言，与传统生产力相匹配的劳动对象主要是以物质形态存在的未经加工的自然物以及加工过的原材料，与新质生产力相匹配的劳动对象在此基础上增加了随着科技进步而新发现的自然物、拥有更多技术基因的原材料以及由数字化带来的数据等非物质形态的劳动对象。不仅包括以物质形态存在的高端设备，还包括非物质形态的对象。

（三）新质生产力的重要特征

习近平总书记强调，"新质生产力是创新起主导作用，摆脱传统经济增长方式、生产力发展路径，具有高科技、高效能、高质量特征，符合新发展理念的先进生产力质态"[①]。

1. 高科技特征

新质生产力是以技术创新为引领的新型生产力。习近平总书记指出："科技创新能够催生新产业、新模式、新动能，是发展

[①] 《加快发展新质生产力 扎实推进高质量发展》，《人民日报》2024年2月2日。

新质生产力的核心要素。"①发展新质生产力，要高度重视科技创新，特别是具有原创性和颠覆性技术的科技创新，高度重视科技创新的引领地位，充分发挥科技创新的增量器作用；要及时将科技创新成果应用到具体产业和产业链上，以科技创新促进产业转型升级。新质生产力以新技术新工艺带动产业发展升级，以制度创新推动产业转型升级，使基于新技术形成的新产业成为经济发展的新动力、新引擎。

2. 高效能特征

新质生产力是高效能、高效率的生产力，有别于依靠大量资源投入、高度消耗资源能源的生产力发展方式。从传统生产力到新质生产力，意味着更加高效的资源利用，减少了有限资源的过度消耗和环境负担。通过引进人工智能、大数据和物联网等先进技术，以及优化管理模式和供应链，能大幅提升生产效率和产品质量。通过推广新材料、新能源的使用，一些高能耗、高污染的产业得以发展转型，降低单位产值能源消耗量，减少废气、废水和固体污染物的排放。

3. 高质量特征

新质生产力是新兴且高质量的生产力，涉及领域新、范围广、技术含量高，本质是以整合科技创新资源的方式，集中力量发展战略性新兴产业和未来产业，从而实现经济高质量发展。

---

① 《加快发展新质生产力　扎实推进高质量发展》，《人民日报》2024年2月2日。

有别于传统生产力，新质生产力不仅仅包括劳动者、劳动对象和劳动资料等传统生产要素和主体，信息、数据、网络、管理、知识和技术等均成为生产力的重要组成部分，故新质生产力具备技术新颖、科技含量高等特征。新质生产力还推动了产业融合与交叉创新，如制造业与信息技术的深度整合，进而形成了全新的产业形态和商业模式，搭建起连接经济增长与可持续发展的重要桥梁，推动经济增长模式从传统资源密集型向智能化、知识密集型、高附加值的模式转变，实现经济增长朝着更高质量方向跃迁。

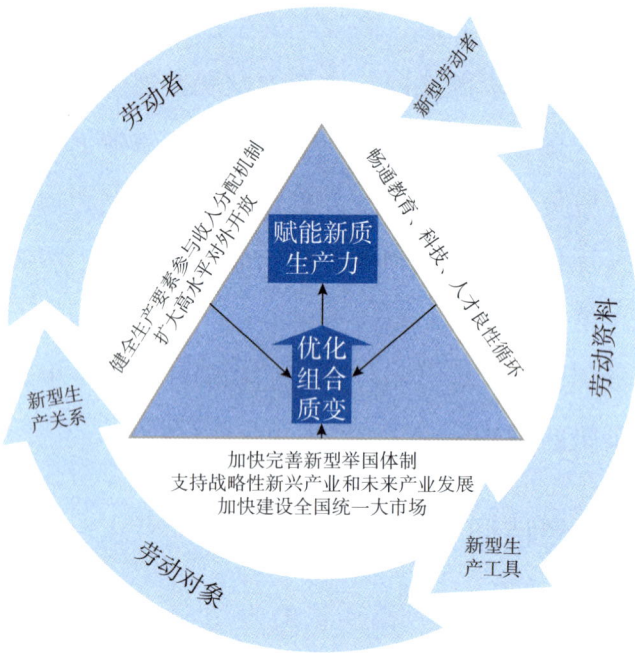

图2-2 新质生产力的主要特征

（四）新质生产力的核心标志

习近平总书记指出，新质生产力"以全要素生产率大幅提升为核心标志"[①]。党的十九大和二十大报告均强调要"提高全要素生产率"。新质生产力的提出，为提高全要素生产率提供了新的视角。全要素生产率是指经济增长中扣除劳动、资本等要素投入数量等因素对经济增长率的贡献后的余值，即因更有效配置资源实现的额外增长，通常表现为技术进步、体制改革和组织管理改善等无形要素的作用。从本质上看，它是要素质量以及组合方式变革形成的产出贡献水平。全要素生产率的提升既取决于"技术"因素，即科技的进步程度，也取决于"制度"因素，即经济制度的调整能力，因为制度创新会对技术创新形成激励和保障作用。推进全要素生产率提升，以此汇聚形成新质生产力发展的强大力量，必须统筹技术创新和制度创新。

1. 通过技术创新，实现全要素生产率大幅提升

新质生产力是在传统要素投入的基础上，以创新为核心驱动。创新生产要素，形成新生产过程，创造新产出，形成新质生产力。技术创新可以通过扩展要素类型（如数据成为新要素）、提高要素质量（如劳动者素质提高）、改进组合方式（如生产自动化程度增强）等形成产出增长。科技进步直接影响全要素生产率，通过突破要素供给约束提升全要素生产率，从而赋予生产力

---

① 《加快发展新质生产力　扎实推进高质量发展》，《人民日报》2024年2月2日。

新的动力源泉。科学技术是第一生产力，是因为科技进步提升了全要素生产率。

2. 通过制度创新，实现全要素生产率大幅提升

全要素生产率折射了要素组合效率，这种效率的提高是通过要素流动和再配置实现的。在国民经济层面，全要素生产率与新发展理念的贯彻实施紧密关联。创新发展体现为全要素生产率的增长贡献度在提高，协调发展体现为全要素生产率的提升因结构优化而具有持续性，绿色发展体现为全要素生产率的变化契合了需求结构的转型，开放发展体现为全要素生产率的提升来自全球资源配置程度的提高，共享发展体现为全要素生产率的提升能够获得需求维度的支撑。符合新发展理念的新质生产力，通过制度创新优化资源配置效率，进而推动全要素生产率实现大幅提升。

《 全要素生产率 》

全要素生产率是指在各种生产要素投入水平既定的条件下，通过提高生产效率和技术进步等因素，所能达到的超过按原投入产出水平计算的产出增长率。它是衡量单位总投入的产出增加额，反映了技术进步、管理水平、劳动力素质提升等综合效果对经济增长的贡献程度，是推动经济长期增长的关键因素。全要素生产率是衡量一个国家或地区经济增长质量的重要指标，对分析经济增长源泉、制定经济政策具有重要意义。

（五）新质生产力的功能价值

习近平总书记强调，"发展新质生产力是推动高质量发展的内在要求和重要着力点"[①]。高质量发展需要内在统一地把握创新发展、协调发展、绿色发展、开放发展、共享发展五大理念，也需要树立安全理念，统筹发展与安全。新质生产力是符合新发展理念的先进生产力质态，体现了高质量发展的要求。

《 新发展理念 》

新发展理念即创新、协调、绿色、开放、共享的发展理念，是习近平总书记于2015年10月在党的十八届五中全会上提出的重要思想理念。

创新发展注重解决发展动力问题，要求把创新摆在国家发展全局的核心位置，不断推进理论创新、制度创新、科技创新、文化创新等各方面创新。协调发展注重解决发展不平衡问题，旨在正确处理发展中的重大关系，促进经济社会各领域协调发展，增强发展的均衡性、整体性。绿色发展注重解决人与自然和谐共生问题，坚持节约资源和保护环境的基本国策，坚定走生产发展、生活富裕、生态良好的文明发展道路。开放发展注重解决发展内外联动问题，奉行互利共赢的开放战略，发展更高层次的开放型经

[①] 《加快发展新质生产力　扎实推进高质量发展》，《人民日报》2024年2月2日。

济。共享发展注重解决社会公平正义问题，让人民群众共享改革发展成果，朝着共同富裕方向稳步前进。

1. 体现创新发展理念，追求更高质量的发展

创新是引领发展的第一动力。科技创新的核心引领作用，体现在科学技术不断进步驱动的生产力发展，及其带来的生产力要素结构中实体性要素与非实体性要素结合广度、深度、频度的拓展。体现创新发展理念的新质生产力，因其生产力要素系统中新型劳动者、新型劳动资料、新型劳动对象等的涌现和新型基础设施的完善，将重塑新质生产力结构承载的现代化产业体系，以科技创新引领现代化产业体系建设，进而加速经济社会发展的质量变革、效率变革和动力变革，从而实现更高质量的发展。

2. 体现协调发展理念，追求更为健康的发展

协调是经济社会持续健康发展的内在要求。从哲学方法论看，协调发展理念遵循了事物是普遍联系的唯物辩证法，认为经济社会发展是一个各发展要素相互联系、相互作用的整体性运动。新发展理念中的协调发展理念，给出了解决发展问题的方法论，就是要破解生产力发展不平衡不充分问题，力图在更长时间段、更广阔的地理空间内促进时空转化，正确处理发展中的重大关系，改进生产力系统中人和物的结合方式。为此，体现协调发展理念的新质生产力，追求的是人与自然、人与社会更为和谐健

康的发展。

3. 体现绿色发展理念，追求更可持续的发展

绿色是永续发展的必要条件，新质生产力就是绿色生产力。绿色发展理念将生态环境纳入生产力范畴，开辟了马克思主义生态思想和马克思主义政治经济学的新境界。体现绿色发展理念的新质生产力，将生态环境等要素纳入生产函数，将生态经济系统作为经济社会发展系统的重要组成部分，这将显著变革优化人与自然的关系与结合方式，内在要求技术的革命性突破、理念的系统性转变、生产生活方式的绿色化转型，重在推动产业生态化和生态产业化，加快打造绿色低碳供应链，推进经济社会全面绿色低碳转型，确保中华民族永续发展。

4. 体现开放发展理念，追求更加繁荣的发展

开放是国家繁荣发展的必由之路。历史证明，开放带来进步，封闭必然落后。从经济发展规律和社会发展规律来看，社会化大生产的全球化特征将越发鲜明。新的技术革命和产业革新将加速经济全球化进程，尤其是现代信息技术催生万物互联社会的加速到来，发展的边界和场域不断拓展融合，而体现技术革新和产业变革的新质生产力，是基于开放发展理念的经济全球化概念。新质生产力在开放中得以不断拓宽生产力要素系统边界，进而支撑生产力结构系统的升级，并驱动生产力功能系统的整体协调与全面发展，实现自主创新与开放创新协同并进。

5. 体现共享发展理念，追求更加公平的发展

共享是中国特色社会主义的本质要求。马克思主义认为，生产力价值的终极目标是人的自由全面发展和人类社会共同进步。作为生产力的最新形态，新质生产力的目标追求就是要践行人人参与、人人建设、人人享有的生产力发展观，将更好满足人民日益增长的美好生活需要作为发展的根本目的，充分调动人民群众的积极性主动性创造性，实现人的自由全面发展，进而推动新质生产力加速培育壮大。

« 正确处理新质生产力发展中的重大关系 »

一是处理好生产力和生产关系之间的关系。形成适应新质生产力发展要求的新型生产关系，充分发挥市场在资源配置中的决定性作用，更好发挥政府作用，加快构建有利于新质生产力发展的体制机制。

二是处理好新质生产力诸要素之间的关系。发挥科技创新的支撑引领作用，多措并举培育新型劳动者、创造新型劳动工具、拓展新型劳动对象，促进新质生产力诸要素实现高效协同匹配。

三是处理好自主创新和开放创新之间的关系。坚持自主创新与开放创新协同共进，在开放环境下大力推进自主创新，用好全球创新资源，加快建设具有全球竞争力的开放创新生态。

四是处理好新质生产力和传统生产力之间的关系。统

筹推进二者发展，及时将科技创新成果应用于具体产业和产业链，一手抓培育壮大新兴产业和布局建设未来产业，一手抓改造提升传统产业，建设具有完整性、先进性、安全性的现代化产业体系。

（六）新质生产力的发展路径

习近平总书记在黑龙江考察时指出："整合科技创新资源，引领发展战略性新兴产业和未来产业，加快形成新质生产力。"[①]培育壮大新质生产力是一项长期任务和系统工程，要坚持系统观念，以科技创新为核心，以产业升级为方向，让新质生产力的三要素实现更高水平的升级，让生产关系更好适应新质生产力。

1. 提升科技创新能力，增强新质生产力内生动力

科技创新能够催生新产业、新模式、新动能，是发展新质生产力的核心要素。加快发展新质生产力需要以前沿技术领域的颠覆式、突破式创新为前提，充分发挥中国社会主义制度集中力量办大事的优势，进行重大科技项目攻关，加快实现高水平科技自

---

① 《牢牢把握在国家发展大局中的战略定位　奋力开创黑龙江高质量发展新局面》，《人民日报》2023年9月9日。

立自强，打好关键核心技术攻坚战，使原创性、颠覆性科技创新成果竞相涌现。要牵住科技创新这个"牛鼻子"，推进产、学、研协同创新和融合发展，超前部署并全面开展前瞻性、先导性和探索性的前沿技术研究，在重点产业和战略性新兴产业领域突破一批关键核心技术，形成一批具有自主知识产权和规模化应用前景的科技成果。着力增强新质生产力源头供给，积极引导创新要素向企业集聚，强化企业自主创新的意识和能力，强化科技创新对战略性新兴产业的驱动作用，推动更多科技成果转化为现实的新质生产力。

2. 发展新产业和新业态，强化新质生产力载体支撑

以科技创新引领产业创新是大势所趋，也是高质量发展的内在要求。要瞄准新质生产力发展方向，大力发展人工智能、大数据、高端装备制造、商业航天、生物制药等战略性新兴产业，聚焦量子、脑科学、基因技术等未来产业，做好前瞻性部署，厚植发展新优势。提升信息基础设施建设水平，积极拓展应用场景和应用空间，完善工业互联网平台体系、大数据中心、移动终端建设，实现网络贯通、万物互联，放大新型基础设施建设乘数效应，促进数字经济与实体经济深度融合。加强传统产业升级，深入实施产业基础再造工程，改造传统产业链供应链，推动产业结构优化取得新成效，实现"老树开新花"。推动数字化、智能化技术与传统产业的深度融合，提升企业数字管理和柔性管理水平，打造"数字工厂""灯塔工厂""未来工厂"，更好适应柔性制造、个性化生产新范式要求，实现数字产业化、

产业数字化。

3. 推动发展方式绿色转型，强化新质生产力价值取向

绿色发展是高质量发展的底色。加快发展新质生产力必然要求加快生产力的绿色化转型，助力实现碳达峰、碳中和，以绿色技术驱动绿色产业发展、壮大绿色经济规模，走生态优先、绿色发展之路。加快构建需求导向、问题导向和市场导向的绿色技术创新体系，加快提升先进绿色低碳技术国际竞争力，进一步降低绿色技术研发推广成本，促进先进绿色技术推广应用。发挥绿色金融牵引作用，发展壮大节能环保、清洁生产、清洁能源产业，做强绿色制造业，发展绿色服务业，壮大绿色能源产业，发展绿色低碳产业和供应链，打造高效生态绿色产业集群和绿色生态产业区。倡导绿色消费和低碳生活理念，推进能源革命、消费革命和绿色低碳生产生活方式，构建清洁低碳、安全高效的能源体系，建设绿色、低碳、循环经济发展体系。推进资源节约和循环利用，降低能耗、物耗，协同推进降碳、减污、扩绿、增长，实现生产系统和生活系统循环链接，全面构建绿色低碳循环经济体系。

4. 扩大高水平对外开放，拓展新质生产力发展空间

生产要素跨境流动和科学技术的国际交流是新质生产力形成的重要路径。要通过高质量"引进来"和高水平"走出去"促进新质生产力的发展，在经贸领域稳步扩大规则、规制、管理、标准等制度型开放，打造开放层次更高、营商环境更优、辐射作

用更强的对外开放新高地，更好地发挥自由贸易试验区的试验田作用，强化数字贸易、绿色贸易等新兴领域规则探索，勇于对标国际先进规则进行先行先试，增强对各种优质要素的吸引力。继续推动共建"一带一路"高质量发展，充分发挥各共建国家的资源禀赋优势，在共商共建共享原则基础上实现合作共赢。统筹贸易、投资、通道和平台建设，加快建设中欧班列、西部陆海新通道等国际贸易和物流大通道，进一步提升互联互通水平。通过高水平的对外开放，与国际高标准规则交流互动，更好地融入全球市场体系，以开放型经济促进新质生产力发展。

5. 优化新型生产要素供给，夯实新质生产力发展基础

创新性配置新型生产要素能加速新质生产力发展。在新型劳动者方面，着力提高人口整体素质，加快推动人口高质量发展。积极构建全生命周期学习的制度体系，不断提升全社会劳动者的知识储备和技能水平，推动人口整体素质不断提高，壮大新质生产力中适应时代发展要求的新型劳动者规模。在新型劳动对象方面，探索建立健全数据、信息等与新型劳动对象相关的标准体系、政策举措、法律法规等，加快构建成熟稳定、可靠安全、运行高效的数据要素交易市场体系，推动数据要素与劳动力、资本等要素协同发展。在新型劳动工具方面，大力发展数字经济，加大人工智能、机器人等通用性、基础性、前沿性技术研发攻坚力度，着力提升现代新型劳动工具赋能发展的质量和效率。在新型基础设施供给方面，加大信息基础设施、融合基础设施和创新基础设施等新型基础设施建设的投资力度，尽快建成布局完整、技

术先进、运行高效、支撑有力的创新基础设施体系。

《 数字化和数智化 》

数字化和数智化是信息技术发展的两个重要概念，相互关联但侧重点不同，数字化是将信息变为数字形式的基础过程，而数智化则是对数字化数据的高级利用，旨在通过智能化技术驱动决策、创新和服务升级。二者相辅相成，数字化为数智化奠定了数据基础，数智化则深化了数字化的价值体现。

数字化主要是指将现实世界的实体信息（如文本、图像、声音、视频等）转化为计算机可识别和处理的数字格式的过程。包括数据采集、存储、传输等一系列活动，使得信息能在数字环境中高效流动和处理。数字化技术广泛应用于各个行业领域，改变了信息记录与传播方式，提升了工作效率，并为大数据分析提供了基础资源。

数智化强调从数字化数据中提取知识、智慧并实现智能化应用的过程。数智化结合了人工智能、大数据分析、机器学习等先进技术手段，通过对海量数据进行深度挖掘和智能分析，以获取洞察力、预测能力和优化策略。企业通过数智化能提升决策效率和精准度，实现业务流程的自动化和智能化，提供个性化服务，优化供应链管理，提升风险管理的能力和水平。

6. 深化重点领域改革，塑造适配新质生产力的新型生产关系

生产关系必须与生产力发展要求相适应。发展新质生产力，需要持续深化改革、扩大开放，构建与之相适应的生产关系。要进一步完善新型举国体制，形成充分弘扬企业家精神和科学家精神的文化氛围和制度基础。深化使命导向的国有企业分类改革，更好地实现中央企业的原创性技术策源地和产业链链主的使命，持续增强国有企业的核心功能，提升国有企业核心竞争力。加快建设全国统一大市场，完善产权保护、市场准入、公平竞争、社会信用等市场经济基础制度，确保民营企业在市场准入、要素获取、市场执法、权益保护等方面的平等地位。探索建立与新质生产力发展相适应的经济治理和法律法规体系。保护数字知识产权，促进公平竞争，完善数字治理。提高全要素生产率，健全通过劳动、知识、技术、管理、数据和资本等生产要素获取报酬的市场化机制，让优质生产要素的活力竞相迸发。

（七）发展新质生产力的方法论

习近平总书记在参加十四届全国人大二次会议江苏代表团审议时强调："各地要坚持从实际出发，先立后破、因地制宜、分类指导，根据本地的资源禀赋、产业基础、科研条件等，有选择

地推动新产业、新模式、新动能发展，用新技术改造提升传统产业，积极促进产业高端化、智能化、绿色化。"①"先立后破、因地制宜、分类指导"作为发展新质生产力的重要方法论，为我国经济实现更高质量、更有效率、更加公平、更可持续、更为安全的发展指明了前进方向和道路选择。

1.　先立后破

2022年全国两会上，习近平总书记在谈到"双碳"目标时指出，"要先立后破，而不能够未立先破"，并形象地比喻说，"不能把手里吃饭的家伙先扔了，结果新的吃饭家伙还没拿到手，这不行"。2023年中央经济工作会议提出，要坚持稳中求进、以进促稳、先立后破。"该立的要积极主动立起来，该破的要在立的基础上坚决破，特别是要在转方式、调结构、提质量、增效益上积极进取"②。立就是在创新和发展新产业、新业态的同时也要注重优化和升级现有产业和传统产业。这包括以科技创新引领产业创新，实现产业结构的优化，加快发展战略性新兴产业与未来产业。破就是在改革过程中积极作为，既要勇于突破旧有的体制机制堵点，又要确保改革平稳过渡和有序推进。这包括深化重点领域改革，扩大高水平对外开放，激发和释放经营主体的内生动力和创新活力。先立后破，强调的是立在先、破在后，

---

① 《发展新质生产力，从实际出发（直通两会）》，《人民日报》2024年03月10日。

② 《政府工作报告——2024年3月5日在第十四届全国人民代表大会第二次会议上》，人民出版社2024年版，第13页。

兼顾新与旧、稳与进、当前与长远，目的在于稳中求进，确保经济社会发展的连续性和稳定性。

2. 因地制宜

习近平总书记指出："要牢牢把握高质量发展这个首要任务，因地制宜发展新质生产力。"[①]所谓"因地制宜"，就是根据各地区实际情况发展新质生产力，其本质是强调实事求是，一切从实际出发。从当前发展形势的需求来看，国家高质量发展的首要任务要求各地区发展新质生产力必须做到因地制宜，要在充分激发各地区比较优势的过程中，有效促进各类要素合理流动和高效集聚，推动构建以创新为核心的高质量发展的动力系统。与此同时，各地资源禀赋和发展水平千差万别，发展的重点难点不尽相同，不能简单套用单一发展模式，必须做到因地制宜，对症下药。这为进一步避免各地区在发展新质生产力过程中出现"一哄而上、泡沫化""一种模式"等困境，转而根据实际情况，有选择地推动新产业、新模式、新动能发展提供了重要遵循。此外，坚持因地制宜发展新质生产力，最终目的是服务国家高质量发展全局，因此必须在全过程中注重提高各地区合作水平和拓展发展空间，以点带面、整体协同，形成国家高质量发展的时代合力，为中国式现代化和中华民族伟大复兴提供有力支撑。

3. 分类指导

习近平总书记指出，一个城市是不是就靠一业来发展，那

---

① 《因地制宜发展新质生产力》，《人民日报》2024年3月6日。

不一定。靠几业，靠什么业，都要一把钥匙开一把锁，根据具体情况去定，不能下单子。[①]在推动新质生产力发展过程中，各地区应该避免出现"一刀切""一锅煮"等情况，实现对政策和措施的精准理解和正确把握，进而确保新质生产力巨大效能的全面发挥。所谓"分类指导"，就是强调发展新质生产力要坚持问题导向，注重提高精准度、增强实效性。就发展新质生产力而言，"分类指导"的方法论要求必须从当前我国经济发展形势和发展要求的实际情况出发，抓住科技创新这一核心要素，由此推动产业新阵地、人才新优势、政策新保障、国际新格局等各方面优化升级。面对新一轮科技革命和产业变革，我们必须抢抓机遇，加大创新力度，培育壮大新产业，超前布局建设未来产业，完善现代化产业体系。要立足实体经济这个根基，做大做强先进制造业，积极推进新型工业化，加快构建以先进制造业为支撑的现代化产业体系。更加重视科技创新和产业创新的深度融合，增强产业创新发展的技术支撑能力。

---

① 《"一把钥匙开一把锁"（两会现场观察）》，《人民日报》2023年3月6日。

三

科技创新——新质生产力发展的根本动力

新质生产力是以科技创新为引擎，以劳动者、劳动资料、劳动对象及其优化组合的跃升为基本内涵的先进生产力质态，依靠科技创新促进生产力的迅速发展是一条普遍规律。靠创新进、靠创新强、靠创新胜，充分发挥我国市场规模巨大、产业体系完备的市场优势和新型举国体制的制度优势，推进产业和科技互促双强，构建全过程创新链，强化企业创新主体地位，大力推进原创性、颠覆性技术创新，更大力度推动科技成果转移转化应用，培育发展新质生产力的根本动力。

（一）科技创新是发展新质生产力的核心要素

2024年1月31日，习近平总书记在中共中央政治局第十一次集体学习时强调："科技创新能够催生新产业、新模式、新动能，是发展新质生产力的核心要素。"[①]2023年中央经济工作会议明确提出，要以科技创新推动产业创新，特别是以颠覆性技术和前沿技术催生新产业、新模式、新动能，发展新质生产力。[②]新质生产力是科技创新在其中发挥主导作用的生产力，是以高新技术应用为主要特征、以新产业新业态为主要支撑、正在创造新的社会生产时代的生产力。

1. 颠覆性科技创新

新质生产力是相对于传统生产力的质的跃升，实现这一跃升，需要前沿技术实现重大突破和颠覆性创新的出现。前瞻性、引领性、颠覆性创新是新质生产力的来源和动力，谁抓准和抓住了颠覆性技术，谁就赢得了科技创新的先机。为此，世界发达国家都将颠覆性创新作为提升国家科技创新能力的重要途径。

---

① 《加快发展新质生产力　扎实推进高质量发展》，《人民日报》2024年2月2日。
② 《中央经济工作会议在北京举行》，《人民日报》2023年12月13日。

《 颠覆性创新 》

　　"颠覆性技术"一词最早由克里斯坦森在《创新者的窘境》一书中提出。2003年，克里斯坦森和雷纳将"颠覆性技术"扩展为"颠覆性创新"。颠覆性创新指在主流市场之外的边缘市场的技术创新，基于颠覆性创新的技术通常更便宜、更简单、更小巧、更便于使用。后来"颠覆性创新"概念也被用来指那些创造完全不同的技术路线、产品或商业模式，从而使原有的创新被替代、被破坏的技术创新，或者是那些能创造出世界上不存在的产品或服务、开辟全新领域的技术创新。与新质生产力相关的颠覆性创新是后一种含义。

　　相比一般性科技创新，颠覆性创新具有三大特征。

　　显著的技术颠覆性。创新最本质的意蕴是破坏性建设，颠覆性创新会打破传统"游戏规则"，打破原有技术发展范式，跨越原有技术轨道，颠覆主流技术模式，可能重新定义产品和服务的交付方式、市场定位，并对市场竞争格局产生重大甚至颠覆性影响。

　　对基础科学技术的依赖性。颠覆性创新离不开基础科学的长期积淀和通用技术的强力支撑，基础研究是所有创新的源头，唯有当基础理论中的科学知识和理论构建有了深度突破，才能为其后的应用研究和研究成果技术化、商业化提供条件。

　　对产业结构的带动性。颠覆性创新最初通常出现在某一特定领域，作用于某一特定企业或行业，完全颠覆了原有技术轨道，打破"路径依赖"，但随后会迅速影响其他技术和产业领域，对其他产业的外溢、渗透作用更加突出，对产业结构影响也更为直接和广泛，甚至能引发国家整体产业体系的根本性变革。

显著的技术颠覆性

对产业结构的
带动性

对基础科学
技术的依赖性

图3-1 "颠覆性创新"的三大特征

《 2024年"十大突破性技术" 》

2024年年初，《麻省理工科技评论》发布了2024年"十大突破性技术"榜单，这份榜单突出一些可能对世界产生显著影响的技术。包括：无处不在的人工智能、首例基因编辑治疗、热泵、"推特杀手"、增强型地热系统、减肥药、芯粒技术、超高效太阳能电池、苹果Vision Pro、百亿亿次超级计算机。

2. 科技创新催生新质生产力

新质生产力强调科技创新对生产要素融合的统领性作用，科技创新能够实现对生产过程和生产力结构的系统性重构，形成新质劳动者、新质劳动对象、新质生产工具，从而形成更具创新性与融合性、高级化的新质生产力。

形成高素质劳动力。在科技创新和数字智能的赋能作用下，劳动者转变为掌握新科技、拥有新技能的新型人才，具有较高的数据处理能力和智能化操作水平，劳动工作能力更强，劳动生产率大大提升。

提供新型劳动对象。科技创新为新质生产力提供更加清洁、高效、多样的劳动对象和劳动资料，不仅包括物质形态的数字化、智能化装备，还包括数据、信息等新型生产要素。数据等新型生产要素快速融入生产、分配、流通、消费和社会服务管理等各个环节，通过实现与传统生产要素的有效组合，形成更高质态的新质生产力。

提供高效劳动工具。利用大数据、云计算、人工智能等新一代信息技术可以创造出诸如人工智能辅助工具、虚拟现实和增强现实技术、元宇宙等新型生产工具，拓展延伸劳动者的工作能力，创造新的工作方式，提高劳动生产率，促进新质生产力的形成。

提供新型基础设施。新型基础设施通常涉及信息通信技术、清洁能源技术等先进技术的应用，可以为生产要素优化配置、生产高效运行提供可持续性和智能化的支撑，并为形成新质生产力提供坚实基础。

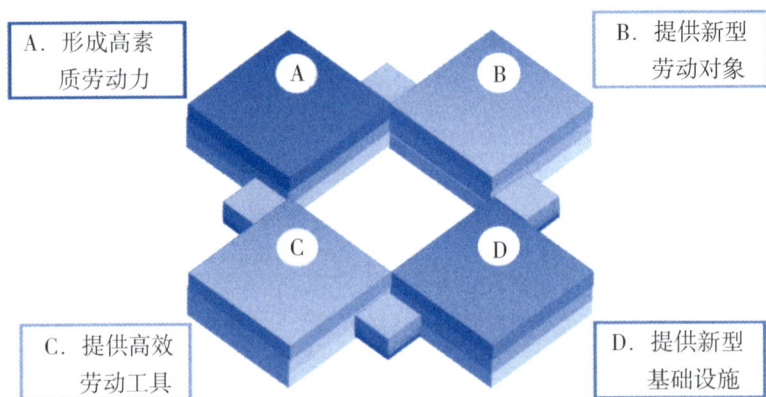

图3-2 科技创新催生新质生产力的作用机制

3. 加快构建培育新质生产力的科技创新体系

党的二十大报告提出："完善科技创新体系。坚持创新在我国现代化建设全局中的核心地位"[1]。习近平总书记深刻指出："当今世界，科技创新已经成为提高综合国力的关键支撑，成为社会生产方式和生活方式变革进步的强大引领，谁牵住了科技创新这个牛鼻子，谁走好了科技创新这步先手棋，谁就能占领先机、赢得优势。"[2]只有不断推进科技创新，不断解放和发展社会生产力，不断提高劳动生产率，才能实现经济社会持续健康发展。

科学创新体系。新质生产力形成的关键，在于围绕加强关键共性技术、前沿引领技术、现代工程技术、颠覆性技术的突破性

---

[1] 《高举中国特色社会主义伟大旗帜 为全面建设社会主义现代化国家而团结奋斗》，《人民日报》2022年10月26日。

[2] 《当好全国改革开放排头兵 不断提高城市核心竞争力》，《人民日报》2014年5月25日。

基础研究和系统创新，全面提升生产力构成要素的质量，全面提升经济发展的科技含量。有组织推进原创性、颠覆性基础研究和原始创新，带来颠覆性、前沿性创新成果竞相涌现，开辟新领域新赛道，形成培育发展新质生产力的科学创新体系。

技术创新体系。企业作为市场的主体，是经济活动的主要参与者、技术进步的主要推动者，要大力推动各类创新要素向企业集聚，打通从科技强到企业强、产业强、经济强、国家强的通道，加快科技成果向现实生产力转化。培育建设科技企业集群，完善从科技型中小企业到科技领军企业的梯度培育体系，推动实现大中小企业融通发展，形成培育发展新质生产力的技术创新体系。

产业创新体系。产业创新体系以科技创新为核心，以产业链条上各企业为创新主体，构建企业之间，以及企业与高校、科研机构、用户和供应商、金融机构、政府之间的联系网络，推动产业内新技术或新知识的产生、流动、更新和转化，实现自主技术创新和产业升级。战略性新兴产业和未来产业由颠覆性技术和前沿技术催生，代表着新一轮科技革命和产业变革的新方向、新趋势，构成产业创新体系的主体，必须坚持科技创新和产业创新双向互促，促进新科技、新要素和新产业融合发展，进一步提升自主创新能力，形成培育发展新质生产力的产业创新体系。

成果转化体系。加强质量支撑和标准引领，支持龙头企业等牵头建设一批中试基地、概念验证中心，搭建一体化场景应用示范大市场，促进科技成果转化和产业化，推动产业持续迭代升级。推进高新技术产业化，大力发展科技服务业，形成培育发展新质生产力的科技成果转化体系。

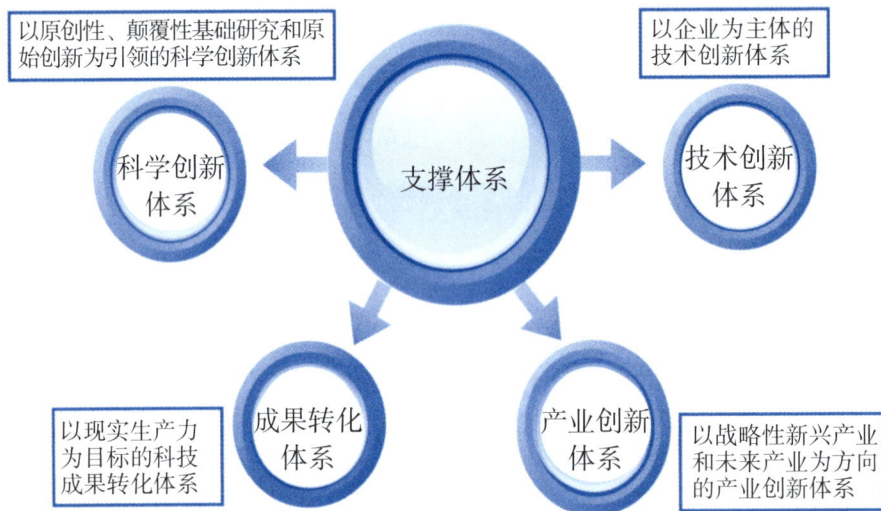

图3-3　科技创新形成新质生产力的支撑体系

（二）新型举国体制下的科技创新

中共中央、国务院颁布的《国家创新驱动发展战略纲要》提出，"到2030年跻身创新型国家前列"，"到2050年建成世界科技创新强国"，创新能力要从"跟踪、并行、领跑"并存，"跟踪"为主向"并行""领跑"为主转变。在这一背景下，党的十九届四中全会提出，要"构建社会主义市场经济条件下关键核心技术攻关新型举国体制"。党的十九届五中全会进一步指出："健全社会主义市场经济条件下新型举国体制，打好关键核心技术攻坚战，提高创新链整体效能。"习近平总书记指出："要健全社会主义市场经济条件下新型举国体制，充分发挥国家作为重大科技创新组织者的作用，支持周期长、风险大、难度高、前景好的战略性科学计划和科学工程，抓系统布局、系统组织、跨界集成，把政府、市场、社会等各方面力量拧成一股绳，形成未来的整体优势。要推动有效市场和有为政府更好结合，充分发挥市场在资源配置中的决定性作用，通过市场需求引导创新资源有效配置，形成推进科技创新的强大合力。"①

新型举国体制，体现的是社会主义制度能够集中力量办大事的优越性，是面向国家重大需求，通过政府力量和市场力量协同发力，凝聚和集成国家战略科技力量、社会资源共同攻克重大科技难题的组织模式和运行机制。从北斗卫星导航系统到载人航天技术，从"嫦娥工程"到"中国天眼"，新型举国体制充分展现了其对科技创新领域的促进作用。面对以美国为首的西方国家挑起的"脱钩断链""小院高墙"，充分发挥新型举国体制在科技创新领域的重大优势，尽早进入新技术革命的前沿技术领域，实现技术蛙跳，是改变关键核心技术受制于人局面、推动科技创新形成新质生产力的有效路径。

1. 加快原创性颠覆性技术创新，培育发展新质生产力的新动能

习近平总书记强调，"核心技术、关键技术，化缘是化不

---

① 习近平：《在中国科学院第二十次院士大会、中国工程院第十五次院士大会、中国科协第十次全国代表大会上的讲话》，人民出版社2021年版，第13页。

来的，必须依靠自力更生、自主创新，时不我待推进科技自立自强，只争朝夕突破'卡脖子'问题"[1]，同时提出，"支持顶尖科学家领衔进行原创性、引领性科技攻关，努力突破关键核心技术难题，在重点领域、关键环节实现自主可控"[2]。

通过持续发挥国家实验室、国家科研机构、高水平研究型大学的基础研究合力，中国形成多项原创性和颠覆性科技创新成果，既是"从0到1"的原创性突破，也是"从1到10"的颠覆性跨越。首先，持续强化国家实验室作为"国之重器"的引领性、示范性、战略性作用，以国家目标和战略需求为导向，建立结构布局合理、基础研究厚实、原创优势突出的国家实验室体系。其次，强化国家科研机构的国家属性、公益属性，创新体系化技术攻坚模式，健全完善中国情景下的科研治理体系，强化融入区域创新"共振效应"。再次，在高等学校全面实施"强基计划"和"基础研究珠峰计划"，坚持世界一流、中国特色发展战略导向，系统提升人才培养、学科体系、基础研究、科技突破"四位一体"能力和优势，全面增强科学研究中的知识"溢出效应"和科技创新突破"乘数效应"。

2. 培育世界一流科技领军企业，打造引领新质生产力发展的主力军

习近平总书记在党的二十大报告中强调："强化企业科技创

---

① 《加快实现高水平科技自立自强，胜利推进强国建设、民族复兴历史伟业》，《人民日报》2023年9月8日。

② 《牢牢把握高质量发展这个首要任务》，《人民日报》2023年3月6日。

新主体地位，发挥科技型骨干企业引领支撑作用，营造有利于科技型中小微企业成长的良好环境，推动创新链产业链资金链人才链深度融合。"[①]我国持续强化重企强国战略意识，发挥科技领军企业在产业技术供给体系中的关键作用，强化科技领军企业平台性、引领性、策源性能力，实现科技领军企业规模由"大"向"强"、数量由"点"向"群"、创新由"量"向"质"全面突破和赶超，成为提高产业基础能力和产业链现代化水平的主体力量。打造以科技领军企业为关键节点的"点—链—网"协同创新网络，与中小企业共同形成线上线下相结合的大中小企业供应链互通、创新链协同高效、产业链配套完善的产业发展共融共生新体系。

3. 面向新质生产力发展重大场景，提升科技成果转化效能

2020年在科学家座谈会上，习近平总书记提出，广大科学家和科技工作者要"面向世界科技前沿、面向经济主战场、面向国家重大需求、面向人民生命健康"[②]。历史和实践反复证明，科技成果只有同国家需要、人民要求、市场需求相结合，才能全面释放创新驱动发展的原动力。推动更多原创性和颠覆性科技成果从科研院校走进企业、从实验室走向生产线，是培育发展新质生产力的必由之路。

---

① 《高举中国特色社会主义伟大旗帜 为全面建设社会主义现代化国家而团结奋斗》，《人民日报》2022年10月26日。

② 习近平：《在科学家座谈会上的讲话》，人民出版社2020年版，第4页。

科技成果转化是连接科研和生产的重要桥梁，也是培育发展新质生产力的重要环节，前沿技术与市场需求并非天然高效对接，只有使最新创新成果及时应用到具体产业和产业链上，让更多创新链的"好技术"变成产业链的"新应用"，才能增强产业创新发展的技术支撑能力。

（三）产业和科技互促双强的广东实践

党的十八大以来，习近平总书记五次亲临广东，对以科技创新推动产业创新谆谆教导指引，同时强调"广东要做创新驱动排头兵，着力打造具有全球影响力的产业科技创新中心"。2024年2月，广东省高质量发展大会强调，"推进产业科技创新、发展新质生产力是广东的战略之举、长远之策，也必将是一场艰苦的竞速赛、耐力赛、接力赛"，广东要"向着产业科技高峰全力攀登，加快打造具有全球影响力的产业科技创新中心，不断增强高质量发展'硬实力'"，提出要"坚定不移走好高质量发展之路，抓住科技创新这个'牛鼻子'，把创新落到企业上、产业上、发展上，奋力建设一个靠创新进、靠创新强、靠创新胜的现代化的新广东"。[①]广东全省上下致力于打造科技体制改革示范地、重要的原始创新策源地、关键核心技术发源地、科技成果转

---

① 《加快产业科技互促双强　走好高质量发展之路　奋力建设靠创新进靠创新强靠创新胜的现代化新广东》，《南方日报》2024年2月19日。

化最佳地、科技金融深度融合地、全球一流科技创新人才向往聚集地，构建起"产业需求引领科技创新质的飞跃、科技创新驱动产业高质量发展"格局，支撑新质生产力发展的全过程创新链正在形成。

1. 聚力打造全过程创新链，为催生新质生产力提供强大动能

广东积极探索关键核心技术攻关新型举国体制，推进"有组织的科研"。粤港澳大湾区国际科技创新中心、综合性国家科学中心、高水平人才高地全面建设，鹏城实验室、广州实验室、中国散裂中子源等"国之重器"大科学装置相继布局，国家技术创新中心、制造业创新中心、产业创新中心密集落地，高水平大学、科研院所、科技领军企业积厚成势，广东区域综合创新能力连续七年保持全国第一，"深圳—香港—广州"科技集群连续四年居全球创新指数第二，形成了强大的产业整体竞争优势和科技创新优势。围绕前沿领域部署创新链，加快在人工智能、脑科学、量子科学等领域掌握一批颠覆性、非对称"撒手锏"技术，加快建设国家通用人工智能产业创新引领地，突破"鹏城·脑海"通用AI（人工智能）大模型、"盘古大模型"等核心技术。持续提升科研经费投入力度，省级科技创新战略专项资金中基础研究投入占比超过1／3，2022年广东全省研究与试验发展（R&D）经费投入4411.90亿元，研发投入强度3.42%，居全国前列。

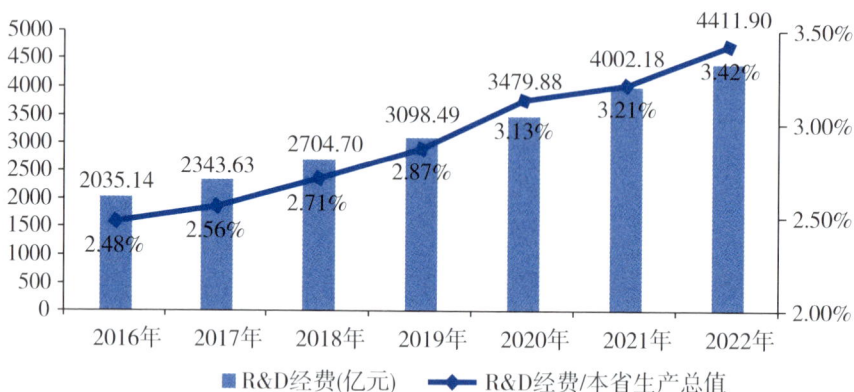

图3-4　广东R&D经费和R&D经费占本省生产总值比重（2016—2022年）
资料来源：《2023年广东科技创新发展报告》，广东省科技厅。

2. 聚力原创性、颠覆性科技创新，打造体系化战略科技力量

实验室体系逐渐壮大。广东全面加强基础研究，着力补齐原始创新短板，构建起以鹏城实验室、广州实验室为引领，由31家全国重点实验室（国家重点实验室）、11家省实验室、435家省重点实验室、31家粤港澳联合实验室、4家"一带一路"联合实验室以及18家高级别生物安全实验室等组成的高水平多层次实验室体系。粤港澳三地依托横琴、前海、南沙、河套等重大平台促进大湾区创新合作。其中，横琴布局建设各类创新平台31家，前海集聚创新载体125家，南沙建成高端创新平台132家，河套建设粤港澳大湾区（广东）量子科学中心。大湾区梯次衔接、主体多元、特色分明的国家实验室体系逐步建立，鹏城实验室、广州实验室两大"国之重器"全面入轨运行，香港、澳门在生物科技、人工智能、金融科技、脑科学、中药质量研究、智慧城市物联网

等领域的20家国家重点实验室与内地合作不断深化。广州实验室与香港中文大学签署战略合作协议，南方海洋科学与工程广东省实验室在香港设立分部，鹏城实验室与香港科技大学共同合作成立"中国算力网"香港城市节点。华为、腾讯等一批头部民营企业也布局了相关实验室。腾讯在公司内部不同事业群均设立了实验室矩阵，这些实验室中既有着眼于未来科技的前沿探索，如量子实验室、RoboticsX未来机器人实验室，又有重点面向行业赋能和成果转化的应用研究，如专注于做硬件服务器研发的星星海实验室、医疗人工智能的天衍实验室、科技助老的银发科技实验室等。

实验室体系	重大科技基础设施与载体	技术创新体系
· 国家实验室2家 · 广东省实验室11家 · 全国重点实验室（国家重点实验室）31家 · "一带一路"联合实验室4家 · 广东省重点实验室435家 · 粤港澳联合实验室31家	· 国家重大科技基础设施10个 · 地市拟建和在建重大科技基础设施19个 · 国家应用数学中心2个 · 粤港澳大湾区量子科学中心 · 华南国家植物园	· 国家技术创新中心3家 · 国家工程技术研究中心23家 · 国家级制造业创新中心5家 · 国家级企业技术中心138家 · 国家产业创新中心3家 · 国家产业技术基础公共服务平台25家

图3-5　广东省重大科研平台

资料来源：《2023年广东科技创新发展报告》，广东省科技厅。

《 广东省实验室体系科研成果 》

　　东莞松山湖材料实验室：研制出基于材料基因工程的高温块体金属玻璃、全球首次突破高指数晶面米级单晶铜箔制备技术，成果分别入选"2019年度中国科学十大进展""2020年中国重大技术进展",并实现产业化应用。

佛山仙湖实验室：攻克复合结构质子交换膜技术，研发了大功率燃料电池系统，保障了2022年冬奥会近百辆新能源大型客车运营；吸引国家电投集团设立华南氢能产业基地，项目总投资达100亿元；获国家能源局批准建设国家能源氢能及氨氢融合新能源技术重点实验室。

大科学装置加速落地。以深圳光明科学城、东莞松山湖科学城、南沙科学城等为主阵地的具有世界一流水平的重大科技基础设施已形成集群之势。广东着力布局建设中国散裂中子源二期工程、江门中微子实验站，加快布局人类细胞谱系、冷泉生态系统、阿秒激光等大科学装置。材料基因组大科学装置平台材料基因组设施完成设备调试。国家超级计算深圳中心二期项目开工建设。"双子星"加速器驱动嬗变研究装置和强流重离子加速器装置加快建设。光明科学城脑解析与脑模拟、合成生物研究重大科技基础设施正式投入使用。借助这些大装置的投用，激发源头创新活力，粤港澳三地科学家"联合作战"朝着更多的科技创新"无人区"发起冲击，开展最前沿的科学研究。

高水平研究型大学加快建设。截至2023年，广东省28所高校220个学科入围ESI（基本科学指标数据库）全球前1%，较2020年增长109.52%，增幅排名全国第一，总量跃居全国第三位；27个学科入围ESI全球前1‰，较2020年增长237.5%，增幅排名全国第一，总量跃居全国第四位；12所高校入围2023年软科世界大学学术排行榜中国前100名，全国排名第三；全省共有8所高校21个学科入选国家"双一流"；超70%的"冲补强"建设学科与"双十"产业相关；49所高校获批国家自然科学基金4174项，金额超过23.7亿元，立项数和金额数再创历史新高。在第二十四届中国专利奖评选结果中，广东高校以第一完成单位获奖14项，位居全国第二，其中华南理工大学获11项中国专利优秀奖，获奖数量排名全国高校第一。

科技创新成果丰硕。 2012—2022年，广东专利授权量从15.36万件增加至83.73万件；发明专利有效量从7.89万件增加至53.92万件；PCT（专利合作条约）国际专利申请数量从9211件增至24290件，累计PCT国际专利申请量25.76万件。其中，高价值发明专利数量快速增加。2015—2022年，广东高价值发明专利量从7.41万件增加至26.07万件，数量居全国首位，占全国总量比重

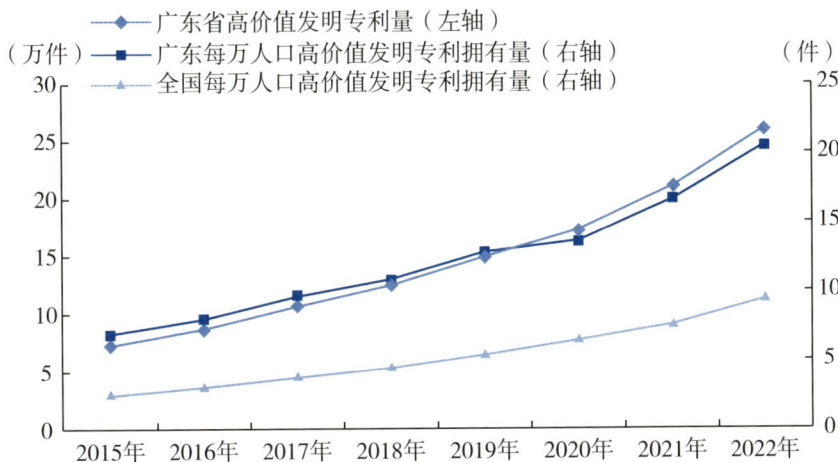

图3-6 2015—2022年广东省高价值发明专利量及
每万人口高价值发明专利拥有量

资料来源：根据各年度广东省知识产权统计数据整理所得。

接近20%，年均增速近20%。在第二十三届中国专利奖评选中，广东共获奖项261项，其中金奖8项，获奖总数连续5年居全国第一。全省277家省级新型研发机构集聚专职科研人员2.3万人，累计承担国家项目超6000项，申请发明专利近5万项，获得授权2.3万项，牵头、参与制定各类标准1200余项，累计服务企业约12万家，在自身获得发展的同时释放出巨大创新效能，形成对产业和企业创新的支撑作用，为新质生产力的孕育提供了基础条件。

3. 聚力科技领军企业，形成"雁阵齐飞"发展格局

2024年2月，广东省高质量发展大会上提出：要全力支持企业做创新的主角，推动创新资源向优质企业集聚，政产学研协同发力，攻克"卡脖子"技术，锻造"撒手锏"技术，研发更多"根技术"，让企业把腰杆子挺起来。广东坚持强化企业创新主体地位，让企业在产业科技攻关中"唱主角"，既有华为、腾讯、比亚迪、美的、格力等一批科技领军企业"大象起舞"，更有一大批科技型中小企业"蚂蚁雄兵"。

科创型企业队伍持续壮大。2023年，广东高新技术企业数量超7.5万家，占全国1/6，连续八年位居全国第一，全省科技型中小企业数量超7.6万家，专精特新中小企业超2.7万家，专精特新"小巨人"企业近1500家。2019年以来，广东A股新上市企业中高新技术企业占比超80%。2023年广东A股新上市企业51家，其中高新技术企业47家，占比92.2%。

高新技术企业成为支撑培育新质生产力的主力军。广东约

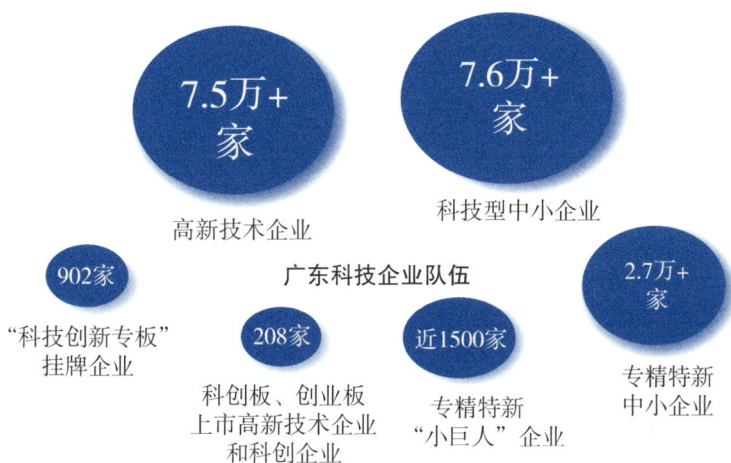

图3-7 广东省科技企业培育情况

资料来源：根据广东省科技厅提供的资料整理。

90%的科研机构、科研人员、研发经费和发明专利申请来源于企业，全省重点领域研发计划中企业参与项目超过90%，依托企业建立的省级工程中心占比近90%。2023年全省高新技术企业营业收入约12.3万亿元，净利润率6.7%，同比增长0.6个百分点；上缴税费4017.2亿元，同比增长6.7%。

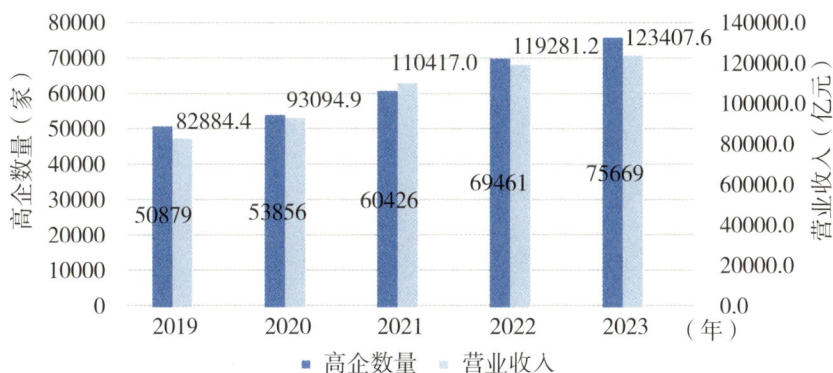

图3-8 广东省高新技术企业数量和营收情况（2019—2023年）

资料来源：《2023年广东科技创新发展报告》，广东省科技厅。

"大而强""小而专"高新技术企业协同发展。广东围绕20个战略性产业集群确定若干条重点产业链，每条重点产业链遴选2—3家"链主"企业，构建"20个战略性产业集群+N条重点产业链+多'链主'"体系，累计培育省级"链主"企业53家。同时，产业链中的中小企业运用细分领域的专业技术，成为增强产业链供应链韧性不可或缺的重要力量。企业从"体量优势"转向"质量优势"，形成众"链"共舞、"链主"企业头雁领飞、中小企业群雁伴飞的良好生态。

《 无人机在深圳"飞"出了一条产业链 》

据深圳市无人机行业协会统计，在深圳实际运行的无人机及产业链企业达1730家，年产值为960亿元。大疆创新公司所在的南山区是无人机制造业高地，"不出南山区，就可以造一台无人机"。在这里，大疆创新日渐成为产业链、创新链的"链主"。从全产业链、创新链看，电池动力伺服提供商有比克电池有限公司，影像技术提供商有奥比中光、维森、安法等公司，控制系统方案提供商更是众多，大疆本身也提供飞控系统，通信模块提供商有中兴、华为鲲鹏生态等。

4. 聚力科技成果转移转化，打造产业创新新高地

广东省高质量发展大会提出"大力推动产业和科技互促双强"，要求"推出一批新的应用场景，让更多新技术、新产品在

广东市场率先应用推广，加速迭代升级"，强调"积极探索具体路径，促进有为政府和有效市场紧密结合，推进'有组织的科研''有组织的转化'，更好实现从科技强到企业强、产业强、经济强"。广东启动实施"突围工程"和"广东强芯"工程取得阶段性重大成果，核心软件攻关工程持续推进，通过不断提升技术要素供给质量和能力，为科技人员赋权、当好"科学家经纪人"、强化市场需求构建服务体系等，努力打通科技成果转化"最后一公里"，着力建设科技成果转化最佳地和产业创新新高地。

"国字号"平台加快落地。粤港澳大湾区国家技术创新中心是三个综合类国家技术创新中心之一，按照"1+9+N"体系化布局建设，开展"有组织科研+有组织科技成果转化"，更好实现从科学到技术的转化，打造具有全球视野、国际领先的产业技术创新体系枢纽平台。目前，以粤港澳大湾区国际科技创新中心和综合性国家科学中心建设为牵引，以广深港、广珠澳科创走廊（两廊）和深圳河套、珠海横琴创新极点（两点）为主体的大湾区国际科技创新中心空间布局基本形成，从科研"国之大器"到成果转化"国字号"平台，大湾区逐步建立完善的科技创新链条，正加快迈向世界重要的科技和产业创新高地。

技术创新转化体系不断健全。广东加快构建以粤港澳大湾区国家技术创新中心为引领的多层次技术创新转化体系，组建创新联合体，充分发挥粤港澳大湾区制造业发达的优势，推动先进制造技术成果转化应用。大力推进"三部两院一省"产学研合作，吸引了全国高校及科研机构来粤开展产学研合作，建立新型研发机构，积极"挖掘"校（院）本部科技成果，将"校（院）本部"的优秀科研成果结合市场需求进行成果转化。例如，人工智能与数字经济广东省实验室（广州）与广州无线电集团共建人工智能产业链创新联合体，与中国联通共建粤港澳大湾区人工智能与安全研究中心，与百度公司共建百度飞桨人工智能产业赋能中心，与云从科技共建人机协同技术研究中心等。同时，广东围绕产业链部署创新链，全面推进新型研发机构建设，在新一代通信与网络、量子科学、脑科学、人工智能等前沿科学领域布局建设高水平研究院。

科技孵化育成体系不断完善。广东科技孵化载体的总体规模多年保持全国前列。统计数据显示，截至2023年年底，全省有科技企业孵化器1066家，其中省级以上孵化器占比30.8%，国家级孵化器222家，总量居全国第二；有众创空间1050家，其中省级以上众创空间占比41%，国家备案众创空间274家，总量居全国第二。

技术服务合同增长迅猛。广东科技成果转化活动活跃，技术服务合同增长势头迅猛，技术开发合同持续中高位运行。

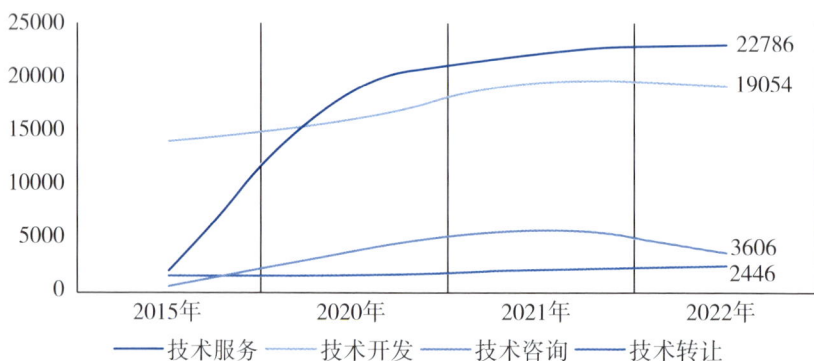

图3-9　广东近十年技术合同项目数变化趋势（单位：项）

资料来源：根据广东省科技厅提供的资料整理。

　　产业科技创新持续推进。从发展集成电路、新型储能、前沿新材料、超高清视频显示、生物制造、商业航天等新兴产业，到布局6G、量子科技、生命科学、人形机器人等未来产业，广东加码发力，瞄准拓展产业发展的新方向，向空天探索、向微观进军、向深海挺进、向虚拟空间拓展，积极构建从源头创新、技术攻关到产业应用的创新支撑体系，开辟产业发展的新赛道。大力发展工业级、车规级芯片，全力打造中国集成电路产业发展"第三极"。大力发展新型锂电、钠离子电池等电化学储能，超前布局液流电池、飞轮储能等未来赛道，构建新型储能产业"1+N+N"政策体系。不断巩固提升新能源汽车产业优势，出口增长超200%。前瞻布局未来产业，通用人工智能领域加快建设产业创新引领地，全省人工智能企业17万家，规模居全国首位；生物制造领域在全国首创"楼上创新、楼下创业"模式；低空经济领域集聚全国30%以上无人机企业，形成国内最大民用无人机产业集群。

表3–1　广东产业创新的做法与成效

产业	做法与成效
集成电路	深入实施"广东强芯"工程、汽车芯片应用牵引工程，加强政策、技术、资本投入，全力打造中国集成电路产业发展"第三极"。2023年，广东半导体及集成电路集群营收超2700亿元，同比增长10.9%。
核心软件	核心软件攻关工程扎实推进，软件创新能力和综合实力持续提升，自主可控的核心软件产业创新体系逐步建立。
人工智能	加快构建全国智能算力枢纽中心、粤港澳大湾区数据特区、场景应用全国示范高地，打造国家人工智能产业创新引领地。2023年，广东人工智能核心产业规模超过1700亿元，同比增长约18%，企业数量超过1000家，均居全国前列。

（续上表）

产业	做法与成效
生物医药	2023年，广东拥有药品生产企业681家、医疗器械生产企业5060家，数量均居全国第一，全省医疗器械生产企业营收自2017年起连续6年位居全国第一，广东生物医药产业整体位居全国第一方阵。深圳迈瑞等8家企业入选"2022年度中国医疗器械企业TOP20排行榜"，占上榜企业数量的40%。
前沿新材料	广东重点发展新型半导体材料、电子新材料、新能源材料、生物医药材料等产业，支撑前沿新材料战略性新兴产业集群2023年迈入千亿元规模。
新型储能	广东新型储能产业起步成势，储能电池、电池材料、储能变流器等领域位居前列，加快建设新型储能电站。新型储能在建项目100个，项目总投资额达2290亿元，新型储能装机量为160万千瓦，储能电池产业配套为国内最全。
新能源汽车	2023年，广东新能源汽车产量253.18万辆，全国每4辆新能源汽车就有1辆广东造。广汽埃安智能生态工厂入选全球唯一新能源汽车"灯塔工厂"，深汕比亚迪汽车工业园、小鹏汽车广州工厂等全面投产，肇庆小鹏智能智造研究院建成运营。
海洋科技	在海洋牧场、海上风电、海洋工程装备、船舶制造等多个领域取得新突破，海洋新兴产业加速壮大。2023年，广东海洋生产总值占全省GDP比重达14%，总量连续29年居全国首位。

资料来源：根据广东省科技厅提供的资料整理。

（四）推进产业和科技互促双强的广东战略

广东具有良好的科技创新基础，具有代表国家参与全球竞争的实力，以科技创新为产业高质量发展拓展空间、深度赋能，以产业高质量发展为科技创新提供应用场景和转化载体，肩负角逐新技术、新产业全球策源地的光荣使命。

1. 聚力攻坚关键核心技术

构建有组织的科研模式，形成一批原创性标志性创新成果，以高质量科技创新提升产业基础高级化、产业链现代化水平。补齐短板，深入推进"广东强芯"工程、核心软件攻关工程、显示制造装备"璀璨"行动，解决产业链供应链的"卡点"和"堵点"。筑牢底板，深入实施基础研究十年"卓粤"计划，完善基础研究稳定多元投入机制，从源头供给解决关键核心技术问题。锻造长板，对处于领跑地位的无人机、通信设备等优势产业，梳理技术风险点，巩固扩大竞争优势和领先地位。

2. 强化企业创新主体地位

建立健全以企业为主体、以市场为导向、"政产学研金服用"深度融合的科技创新体系。聚焦补强战略性前瞻性基础研究短板，推动专精特新"小巨人"企业、独角兽企业、"链主"企业等科技骨干企业成为关键核心技术突破创新的协同组织者。强化科技骨干企业引领带动支撑作用，体系化构建一批"核心+网络"、具有广东特色的产业技术研究与成果转化联合体。抢占产业技术创新制高点，在新型储能与新能源、通信与网络、前沿新材料、芯片设计与制造、绿色生物制造等重点领域，以及未来网络、量子科技、虚拟现实、氢能与储能、深海空天开发等前沿领域，力争突破一批"卡脖子"技术、掌握一批"撒手锏"技术。

3. 加快科技成果转化应用

促进科技创新供给与企业需求精准对接，让好成果更快更准落到企业上、产业上。支持高校、科研院所全面开展职务科技成果赋权和单列管理改革，鼓励创设以市场为导向的新型研发机构。强化企业主体作用，激发企业"有组织研发+有组织成果转化"的积极性，支持引导龙头企业、"链主"企业牵头打造创新联合体，贯通需求、研发、转化、应用各环节。加快建设一批概念验证中心和成果转化中试平台，集成运用科技金融、技术交易、知识产权保护等政策，促进成果转化。

四

产业引领——新质生产力发展的支撑载体

习近平总书记在主持二十届中共中央政治局第十一次集体学习时强调："要及时将科技创新成果应用到具体产业和产业链上，改造提升传统产业，培育壮大新兴产业，布局建设未来产业，完善现代化产业体系。"[①]产业是生产力的载体，培育"新质生产力"，根基在实体经济，方向是产业升级。立足实体经济根基，积极推进新型工业化，改造提升传统产业，培育壮大新兴产业，超前布局建设未来产业，促进数字技术和实体经济深度融合，加快构建以实体经济为支撑的现代化产业体系，是发展新质生产力的题中应有之义。

[①] 《加快发展新质生产力　扎实推进高质量发展》，《人民日报》2024年2月2日。

（一）新质生产力的核心产业形态

1. 现代化产业体系是新质生产力要素的产业载体

党的二十大对建设"现代化产业体系"作出战略部署，二十届中央财经委员会第一次会议提出，"推进产业智能化、绿色化、融合化，建设具有完整性、先进性、安全性的现代化产业体系"。在2024年全国两会国务院政府工作报告中，"大力推进现代化产业体系建设，加快发展新质生产力"被列为首要工作任务。政府工作报告提出，大力推进现代化产业体系建设，加快发展新质生产力。充分发挥创新主导作用，以科技创新推动产业创新，加快推进新型工业化，提高全要素生产率，不断塑造发展新动能新优势，促进社会生产力实现新的跃升。[①]

产业是经济之本，是生产力变革的具体表现形式。现代化产业体系是由包括现代农业、现代工业和现代服务业在内的各类现代产业构成的产业体系，是全面建成社会主义现代化强国的重要标志和关键支撑。现代工业是现代化产业体系的核心，现代农业是现代化产业体系的重要根基，现代服务业是现代化产业体系的重要支撑。具体来看，现代化产业体系具有先进性、协调性、完整性、开放性、安全性、包容性等基本特性。

[①] 《政府工作报告——2024年3月5日在第十四届全国人民代表大会第二次会议上》，国务院公报，2024年第9号。

先进性。现代化产业体系的先进性是指产业体系中的各类产业技术水平处于创新、前沿状态的基本特性。战略性新兴产业和未来产业是现代化产业体系先进性的产业体现，建设现代化产业体系是战略性新兴产业和未来产业占比逐步提高的过程。

协调性。现代化产业体系的协调性是指在产业结构向高级化、合理化演化过程中，各类生产要素有机组合、各类企业高度协同、各产业之间有效配合、产业链条各环节有序承转和区域合理布局的产业体系运行状态特性。

完整性。现代化产业体系的完整性是指农业、制造业、服务业多个领域相互关联、相互支持，各类产业门类齐全、产业链条完整、产品品种丰富完备、零部件配套能力强的基本特性。2023年中央经济工作会议指出，中国的工业体系最为完备、规模最大，在需求端具有超大规模市场，在供给端有强大的生产能力。

《 中国目前是世界上制造业体系最为完备、规模最大的国家 》

中国所拥有的由41个工业大类、207个工业中类、666个工业小类构成的工业体系，已经涵盖了联合国工业分类目录中的39个大类、191个中类、525个小类。中国的制造业增加值已经连续13年居世界第一，接近全球制造业增加值的30%。

开放性。现代化产业体系的开放性是指更加深度融入全球产业链供应链，积极扩大全球"朋友圈"，高水平参与国际循环，提升国际话语权。要建设互利共赢、多元平衡、安全高效、全面开放的现代化产业体系，深度参与全球产业分工和合作，不断增强中国国际经济合作和竞争新优势，增强国内国际两个市场、两种资源的联动效应，在全球竞争中提升产业竞争力。

安全性。 现代化产业体系的安全性是指在统筹产业发展与产业安全、统筹开放发展与经济安全的前提下各个产业、产业链供应链实现自主可控、安全可靠的基本特性。从产业链角度看，产业体系自主可控是指对产业链供应链的关键环节具备较强的把控力，把产业链供应链风险控制在可控范围内，对链条上的各环节、各主体、各要素具有控制力和影响力，能确保产业链供应链平稳运行，在特殊时期和极限条件下能保障基本安全。

包容性。 现代化产业体系的包容性是指产业体系内的各类现代产业发展的成果能更多更公平地惠及全体人民，产业体系具有包容各种不同类型的企业、产业和所有利益相关者的基本属性。包容性体现了共享发展的新发展理念和全体人民共同富裕的中国式现代化的基本要求。

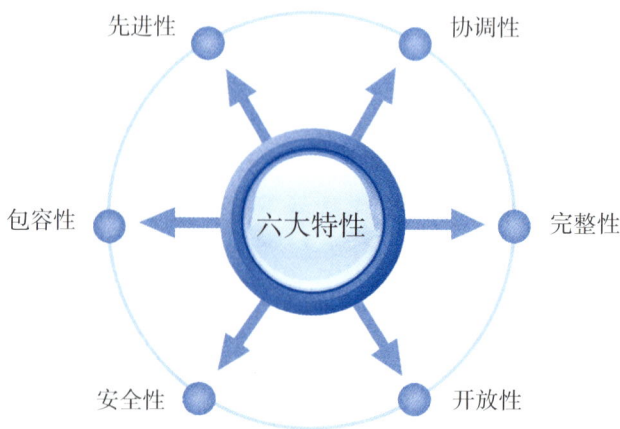

图4-1　中国现代化产业体系的基本特性

新质生产力与产业新赛道相伴而生，特别是颠覆性技术和前沿技术催生新产业、新模式、新动能，推动中国产业向发展新赛道转换、向转型新路径迁移。据此建立起更加先进高端、更加自主可控、更加安全可靠的现代化产业体系，实现从成本价格竞争、数量规模扩张、低端价值链分工嵌入的初级发展质态向质量品牌竞争、精致精益增长、链条协同布局的高级发展质态转变。战略性新兴产业和未来产业是培育新质生产力的核心载体和主要阵地，是构建现代化产业体系的关键。新能源、新材料、先进制造、电子信息等战略性新兴产业和未来产业具有创新密集、跨领域融合、增值含量高等特征。在关键技术创新、路径模式探索、产业链价值链治理、市场推广应用、产业生态构建上呈现新的发展特征和态势，是构建现代化产业体系的关键，为中国锚定产业新质态、构建产业新体系带来了难得的"换道超车"机遇。

同时，要引导工业互联网、现代物流、现代金融、电子商务、软件服务等生产性服务业向专业化和价值链高端延伸，促进文化旅游、教育培训、医养健康、养老托育、家政服务等生活性服务业向高品质和多样化升级，推进跨境电商、智慧教育、智慧医疗等服务业新业态新模式提前布局、培育壮大，提升服务业标准化、品牌化、智能化水平，发挥制造业服务业双轮驱动效应，通过构建优质高效、布局合理的现代服务产业体系，培育壮大新质生产力。

2．战略性新兴产业和未来产业是培育新质生产力的核心载体和主要阵地

2023年9月7日，习近平总书记在新时代推动东北全面振兴座谈会上强调，"积极培育新能源、新材料、先进制造、电子信息等战略性新兴产业，积极培育未来产业，加快形成新质生产力，增强发展新动能"[①]。广东认真学习贯彻习近平总书记关于新质生产力的重要论述，强调要"统筹推进传统产业升级、新兴产业壮大、未来产业培育，使广东成为发展新质生产力的重要阵地"。

新质生产力代表一种生产力的跃迁。技术、产业和生产力之间存在循环迭代关系，不同时期的新技术对应着不同的产业形态，产业的升级和发展是生产力持续跃迁的重要推动力，突破性和颠覆性技术创新叠加战略性新兴产业和未来产业必然能够形成新质生产力。随着新一轮技术革命的深入推进，数字技术叠加算法引领的大数据、云计算使社会出现了颠覆性和突破性技术样态，人工智能、大数据、云计算、物联网、生物技术、3D打印等数字化、智能化新技术不断涌现，前瞻性技术创新应用推动新能源、新材料、智能制造等战略性新兴产业和量子信息、生命科学、人形机器人等未来产业形成与发展。战略性新兴产业的发展和未来产业的出现引导产业部门生产结构向着更高效、更智能的方向发展，形成新的生产方式，衍生出新的生产关系，加快形成

---

① 《牢牢把握东北的重要使命 奋力谱写东北全面振兴新篇章》，《人民日报》2023年9月10日。

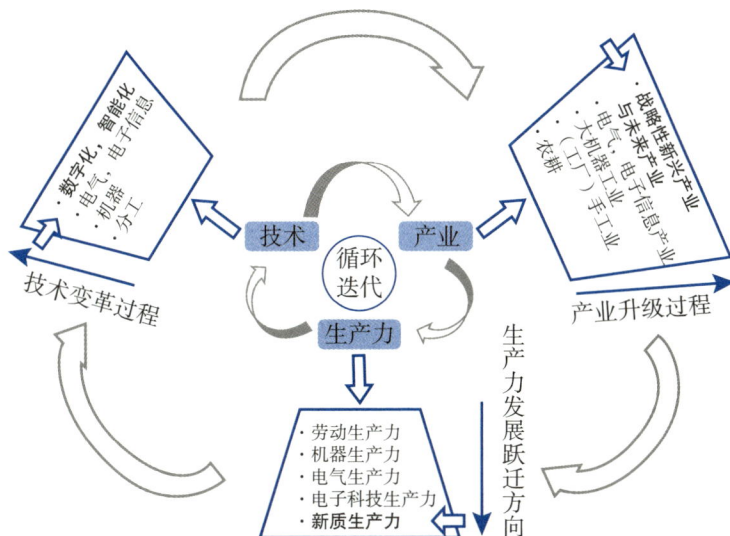

图4-2 战略性新兴产业和未来产业形成新质生产力的机理

新质生产力。

（1）战略性新兴产业。

习近平总书记强调，"战略性新兴产业是引领未来发展的新支柱、新赛道"[①]。《国务院关于加快培育和发展战略性新兴产业的决定》指出："战略性新兴产业是以重大技术突破和重大发展需求为基础，对经济社会全局和长远发展具有重大引领带动作用，知识技术密集、物质资源消耗少、成长潜力大、综合效益好的产业。"

中国高度重视培育战略性新兴产业，勇于开辟新领域、新赛道，实现一系列新突破：截至2023年年底，新能源汽车生产累计突破2000万辆，工业机器人新增装机总量全球占比超50%，超高

---

① 习近平：《当前经济工作的几个重大问题》，《求是》2023年第4期。

清视频产业规模超过3万亿元，第一批国家级战略性新兴产业集群达到66家，人工智能核心产业规模达到5000亿元。

2020年，广东提出发展十大战略性支柱产业集群，培育十大战略性新兴产业集群。2023年，全省20个战略性产业集群实现增加值同比增长5.2%，占全省GDP比重达四成；全省工业投资同比增长22.2%，为2006年以来最快增速。为优化战略性产业集群发展策略，广东修订了20个战略性产业集群文件，出台了5个未来产业集群行动计划。

《 政府规划中对战略性新兴产业发展目标的相关论述 》

《"十二五"国家战略性新兴产业发展规划》提出，到2015年，战略性新兴产业增加值占GDP的比重达到8%左右。

《"十三五"国家战略性新兴产业发展规划》提出，到2020年，战略性新兴产业增加值占GDP的比重达到15%。

《中华人民共和国国民经济和社会发展第十四个五年规划和2035年远景目标纲要》提出，着眼于抢占未来产业发展先机，培育先导性和支柱性产业，推动战略性新兴产业融合化、集群化、生态化发展，战略性新兴产业增加值占GDP比重超过17%。这里提到的战略性新兴产业，包括新一代信息技术、生物技术、新能源、新材料、高端装备、新能源汽车、绿色环保以及航空航天、海洋装备等。

（2）未来产业。

《工业和信息化部等七部门关于推动未来产业创新发展的实

施意见》提出，未来产业是指由前沿技术驱动，当前处于孕育萌发阶段或产业化初期，具有显著战略性、引领性、颠覆性和不确定性的前瞻性新兴产业。

为贯彻落实党的二十大精神和《中华人民共和国国民经济和社会发展第十四个五年规划和2035年远景目标纲要》，把握新一轮科技革命和产业变革机遇，围绕制造业主战场加快发展未来产业，支撑推进新型工业化。这里提到的未来产业，包括类脑智能、量子信息、基因技术、未来网络、深海空天开发、氢能与储能等。

《工业和信息化等七部门关于推动未来产业创新发展的实施意见》还提出，把握全球科技创新和产业发展趋势，重点推进未来制造、未来信息、未来材料、未来能源、未来空间和未来健康六大方向产业发展。

发展未来产业是引领中国经济社会发展的关键力量，对于推动产业转型升级、增强国际竞争力、抢占未来发展制高点具有重要作用。

未来产业是引领中国科技创新与经济增长的新引擎。 未来产业具有高成长性的特征。前沿技术一旦跨越产业化的"达尔文死海"，就有望高速增长成为一批千亿元级、万亿元级先导性产业和支柱性产业，催生规模庞大的新兴产业链与产业集群，是实现经济总量或人均收入翻一番最重要的新增长点。同时，未来产业具有创新性特征。未来产业以创新为核心，引导市场主体向更先进的生产力聚集，催生新技术、新产业、新业态、新模式。

<< **达尔文死海** >>

"达尔文死海"是科技成果转化中的一种现象，用来形容技术研发与市场生产脱节。从技术发明到应用再到产业化，需要长时间反复验证和大量资金投入，这个科研机构和企业都不愿触碰的中间地带，犹如鱼虾水草都无法生存的"死海"，阻挡科技转化为生产力的脚步。

未来产业为中国建设现代化产业体系注入新动能。现代化产业体系是现代化国家的物质技术基础。新征程上，在类脑智能、量子信息、基因技术、未来网络、深海空天开发、氢能与储能等前沿科技和产业变革领域，组织实施未来产业孵化与加速计划，谋划布局一批未来产业，是构建现代化产业体系的关键，也是生成和发展新质生产力的主阵地，将为高质量发展提供有效支撑和持久动力。

未来产业是中国抢占国际竞争制高点的关键布局。未来产业已成为大国博弈新赛道。从全球形势看，世界经济大国和强国加快部署未来产业发展。美国、欧洲、日本等国家和地区相继出台实施未来产业发展战略规划、法案法规以及投资计划，强化前沿技术研发、创新未来产业孵化，积极谋求未来产业全球领导权。中国与发达国家站在未来产业发展的同一起跑线上，发展未来产业是抢抓未来发展主动权、实现"换道超车"的关键所在。

处于改革开放前沿的广东，2022年着手未来产业研究，2023年启动了未来产业政策编制，2024年以五个独立文件的形式细化了国家六大未来产业培育部署。广东未来产业的培育目标是，到2030年，未来电子信息、未来智能装备、未来生命健康、未来材料、未来绿色低碳产业集群成为新的经济增长点。广东出台的五大未来产业集群行动计划重点聚焦前沿技术驱动、高成长性和战略支撑性的产业方向，瞄准高端化、智能化、绿色化发展目标，打造一批具有硬核实力的未来产业集群。目前，广东省正研究编制关于加快培育发展未来产业的行动方案，抢抓新一轮科技革命和产业变革机遇，加快形成新质生产力。

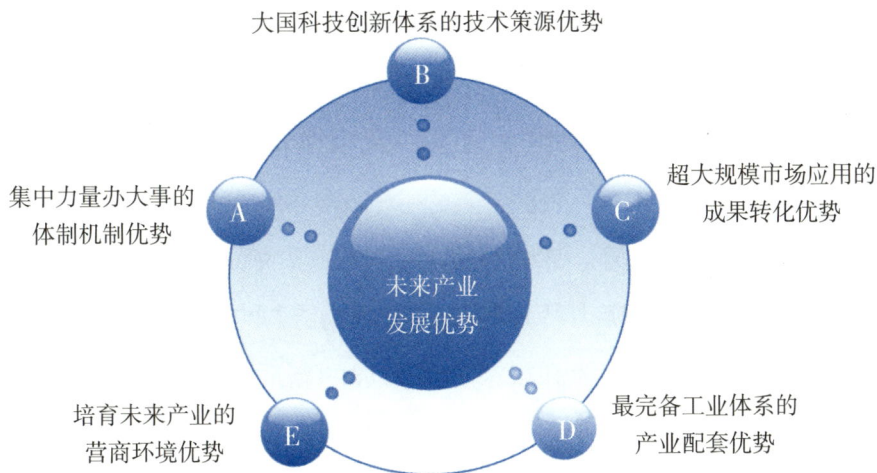

图4-3 中国前瞻布局未来产业的优势

（3）战略性新兴产业和未来产业的三大特征。

战略性新兴产业具有高技术含量、高附加值、高成长性、产业辐射面广等特点，是各国经济发展竞争的关键点，更是现代化产业体系的主力。未来产业是发展新趋势，成长不确定性更大，培育周期也更长。前瞻布局未来产业，是为新兴产业做好接续储备。战略性新兴产业和未来产业具备三大特征：

强大的战略引领力。 在带动一个国家或地区经济社会发展方面具有重大引领作用，引导产业发展方向，形成"头雁效应"并辐射相关产业，形成具有强大引领力的战略性新兴产业集群。

不可估量的发展潜力。 战略性新兴产业是动态的、发展变化的，"新兴"的内涵不断演变。19世纪和20世纪钢铁、石油等成为不少国家的新兴产业，甚至成为综合国力的重要标志。21世纪，新能源、新材料、智能制造、电子信息等成为衡量国家综合国力的重要标志。可以预见，未来世界一定会在今天各种"新"产业的基础上产生更新的能源、更新的材料、更先进的制造和更先进的电子信息以及因颠覆性技术而产生的新产业。

显著的竞争优势。 战略性新兴产业在很大程度上决定着一个国家或地区的综合实力特别是核心竞争力，国与国之间的竞争最主要是战略性新兴产业和未来产业形成的新质生产力的竞争。谁占领了战略性新兴产业和未来产业的制高点，谁就将占据新质生产力的主导地位，赢得国际竞争战略主导权。

《 未来产业与战略性新兴产业 》

二者相似之处在于，未来产业与战略性新兴产业都是基于前沿重大科技创新或技术突破而形成，具有巨大发展空间，具备发展成支柱产业的潜力，对其他产业具有辐射带动作用，是未来经济增长和产业结构优化的新引擎，能够对经济社会和国家竞争力产生重大影响，具有前瞻性、引领性和战略性。

二者不同之处在于，战略性新兴产业已经相对成熟，而未来产业相关技术尚未转化为产品，或已经形成产品设计、产品原型但尚不具备规模化生产或市场化运营条件。

3. 发展新质生产力不是忽视、放弃传统产业

习近平总书记强调："发展新质生产力不是忽视、放弃传统产业，要防止一哄而上、泡沫化，也不要搞一种模式。"①发展新质生产力并不意味着忽视传统产业，一切利用新技术提升生产力水平的领域，都属于新质生产力的应用范畴。传统产业对形成新质生产力具有基础性作用，在产业体系形成中，要先立后破，不能把所有传统产业都当成低端产业简单退出，应该有序推进其转型升级，推动传统产业与新兴产业协同发展。

《 美德日布局新兴产业发展实践 》

美国：2022年，美国发布《先进制造业国家战略》，确立开发制造业前沿技术、扩大先进制造业劳动力队伍和全面提升供应链韧性三大目标。2023年，实施"区域技术和创新中心计划"，全国设立31个区域科技中心，重点扶持各地创新产业发展。

① 《因地制宜发展新质生产力》，《人民日报》2024年3月6日。

德国：2010年，德国推出《德国2020高科技战略》，将气候和能源、健康和食品、交通工具、安全、通信五大领域作为"未来项目"重点扶持。2011年11月，德国提出"工业4.0"战略，强调产业链数字化和价值链横向与纵向融合，将大量资源投入生物、可再生能源和通信技术等新兴产业。2019年，德国发布《国家工业战略2030》，规划了未来10年产业发展动向，重点支持云计算、数字教育和智能服务等行业，推动数字经济发展。

日本：2021年，日本重新修订《产业竞争力强化法》，重视企业的创新潜力和产业竞争力。2023年2月，日本首相岸田文雄进一步阐释"新资本主义"构想，重点扶持半导体、量子科学、人工智能、网络通信、生物、宇宙和海洋七大领域。

4. 新型工业化是发展新质生产力的关键任务

新型工业化的概念是相对于传统工业化而言的，其叠加了信息化、数字化、绿色化、智能化以及利用人力资源等新要求，在新时代新征程上更加强调加快建设制造强国、质量强国、航天强国、交通强国、网络强国、数字中国。

高端化是新型工业化的主要任务。新质生产力是驱动新型工业化向高端发展的关键。新型工业化就是通过创新发展，推动工业实现技术领先、品质精良、引领潮流的高端化发展。推动工业高端化发展，必须坚持传统产业、战略性新兴产业与未来产业并重，存量变革与增量发展并举，把新质生产力作为驱动工业高端化的新动力，不断塑造竞争新优势。

绿色化是新型工业化的必然要求。 绿色发展是新型工业化的硬约束。推进工业绿色化发展，就是要坚持产业生态化、生态产业化的发展方向，把绿色发展、循环发展、低碳发展的理念融入工业发展全过程和各方面，不断运用绿色新技术、绿色新要素、绿色新业态和绿色新模式，打造出高效、低耗、低污、低碳的产业生态体系，提升工业体系的绿色化发展水平。

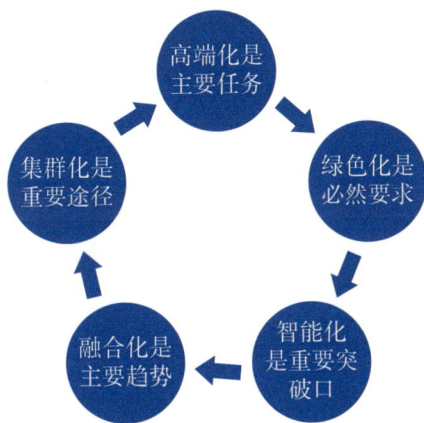

图4-4 推进新型工业化的五大要点

智能化是新型工业化的重要突破口。 5G、大数据、区块链、云计算、深度学习、人工智能等新技术新要素对工业再造产生了重要影响，深刻改变着工业形态、生产方式与工业企业的组织形式。智能车间、智能工厂、智能设计、智能制造日益普遍，工业体系的智能化发展成为工业现代化的显著特征，引领着新型工业化的最新发展方向，是新型工业化的重要突破口。

融合化是新型工业化的主要趋势。 数字经济与工业的融合是当下工业融合化发展的主要方面，数字产业化、产业数字化成为鲜明的时代主题。融合发展是一场深刻的工业变革，工业部门通过与其他产业的技术融合、信息融合、业务融合、要素融合和市场融合，以知识溢出、技术运用、信息渗透、网络展开等形式，不断改变原有生产方式和组织范式，产生众多新产业新业态，催生新质生产力，形成发展新动能。

集群化是提升工业竞争力的重要途径。 传统产业、支柱产业、战略性新兴产业、未来产业的集群化发展都是建设现代化产业体系、推进新型工业化的重要内容。随着全球新科技革命不断演进，一些重要科学技术取得革命性突破，能够促进关键技术实现跃升，使产业形态、产业结构、产业组织发生深刻变革。在新技术新要素驱动下，新兴产业集群不断涌现，集群中的产业交融与要素共享能够催生新质生产力。

5. 广东以新型工业化推进现代化产业体系建设的五大路径

2023年11月，广东召开加快推进新型工业化高质量建设制造强省大会，提出：要把握新的战略使命，深刻认识推进中国式现代化，新型工业化是根本支撑；在国际竞争中赢得战略主动，新型工业化是制胜武器；满足人民群众美好生活需要，新型工业化是重要途径，把实现新型工业化作为广东现代化建设的关键任务来抓，充分发挥新型工业化在现代化建设大局中的战略性、基础性、先导性作用。

聚焦体系塑造，加快升级产业结构。 在巩固完整产业体系优势、保持制造业比重基本稳定的基础上，打造现代化产业主骨架，重点打造20个战略性产业集群和5个以上的未来产业集群；打造具有强大竞争力的现代企业体系，培养更多"顶天立地"的大型领军企业，培育形成"铺天盖地"的中小企业，构建"头雁引领、众雁齐飞"的大中小企业协同发展格局；打造市场美誉度高的产品矩阵，打造优质"精品"、潮流"新品"、经典"名品"。

聚焦转型引领，加快优化产业形态。 把握新科技革命浪潮，适应人与自然和谐共生要求，加快推进产业智能化、绿色化、融合化转型，提高广东制造的"含新量""含智量""含绿量""含金量"。以智能制造为主攻方向，实施产业集群数字化转型工程，强化"人工智能+"思维，打造全国人工智能研发制造和场景应用高地；一手抓绿色制造增量，一手抓循环经济存量，积极稳妥推进"双碳"行动，把低碳发展优势转变为国际产业竞争优势；推进产业跨界融合，大力发展服务型制造、定制生产、柔性供应、众包众创、远程运维等新模式，突破产业发展界限，释放产业发展潜能。

聚焦创新驱动，加快构筑新质生产力。 加快构建"基础研究+技术攻关+成果转化+科技金融+人才支撑"全过程创新链，推动创新链与产业链深度融合，不断壮大代表新技术、创造新价值、塑造新动能的新质生产力。在关键核心技术自主可控上聚力攻坚，加快补短板、抓紧锻长板，研发一批能塑造更多先发优势的颠覆性、非对称技术；在创新成果转化上加力增效，支持引导龙头企业牵头打造创新联合体，贯通需求、研发、转化、应用各环节，让需求精准带动研发，让研发第一时间体现价值，加快建设一批概念验证中心和成果转化中试平台，为促进成果转化提供专业服务，让创新之花更好结出产业之果；以扩大新投资壮大新动能，大力引进新项目、大项目、骨干项目，紧跟国家重大生产力布局调整变化，围绕新能源、新材料、生物医药、高端装备等重点领域招引一批高质量项目。

聚焦优化环境，加快夯实产业基础支撑。栽下梧桐树，引来金凤凰。建强产业发展平台，打造更多"万亩千亿"园区载体，推广公司化管理模式，提升专业化运营水平，形成集约化建设机制，全面提升园区管理效率、发展能级；完善产业基础设施，推动科技基础设施成型起势，以新技术赋能传统基础设施，推动新型基础设施能力升级，为新型工业化提供数字转型、智能升级。融合创新支撑力；优化产业发展环境，深化"放管服"改革。

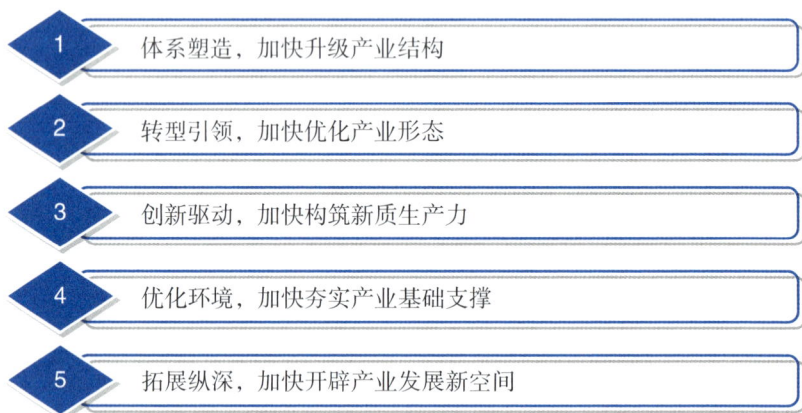

1 体系塑造，加快升级产业结构

2 转型引领，加快优化产业形态

3 创新驱动，加快构筑新质生产力

4 优化环境，加快夯实产业基础支撑

5 拓展纵深，加快开辟产业发展新空间

图4-5 广东以新型工业化推进现代化产业体系建设的五大路径

聚焦拓展纵深，加快开辟产业发展新空间。积极向县域、海洋和区域协作要潜力、要空间，不断拓展产业发展布局，坚持内外双向发力用好国内国际两个市场、两种资源，进一步挖掘增量、争创优势，持续增强广东产业发展韧性和竞争力。

（二）老树开新花：推动传统优势产业转型升级

1. 加快改造提升传统优势产业

传统优势产业是指发展时间较长，生产技术已基本成熟，经过高速增长后发展趋势趋缓，资源利用率和环保水平相对较低的产业。"没有夕阳产业，只有夕阳思维"，传统产业不是落后生产力的代名词，发展新质生产力绝不是放弃传统优势产业。二十届中央财经委员会第一次会议指出，"坚持推动传统产业转型升级，不能当成'低端产业'简单退出"[①]。习近平总书记强调，"巩固传统产业领先地位"[②]，"加快改造提升传统产业"[③]，"发展新质生产力不是忽视、放弃传统产业，要防止一哄而上、

---

① 《加快建设以实体经济为支撑的现代化产业体系 以人口高质量发展支撑中国式现代化》，《人民日报》2023年5月6日。
② 《因地制宜发展新质生产力》，《人民日报》2024年3月6日。
③ 《推动新时代治蜀兴川再上新台阶 奋力谱写中国式现代化四川新篇章》，《人民日报》2023年7月30日。

泡沫化，也不要搞一种模式"①。

要用全面、辩证、发展的眼光观察和理解传统产业与新质生产力的关系。一方面，传统产业是形成新质生产力的基础，传统产业改造升级所需的新技术、新设备等，为新兴产业提供了巨大的市场需求，同时，新兴产业发展也依赖传统产业提供的原材料、零部件等。另一方面，新质生产力利用知识、技术、管理、数据等新型生产要素替代传统的有形生产要素，降低自然资源和能源投入，减少对生态环境的破坏。不少传统产业经过技术改造就可实现"老树开新花"，成为新质生产力的代表。

传统产业种类多、体量大、市场广、产值高，是现代化产业体系的基底。加快传统产业转型升级必须以高质量发展为导向，牢牢抓住自主创新这个"牛鼻子"，在巩固存量、拓展增量、延伸产业链、提高附加值上下功夫。推动传统产业迈向高端化、智能化、绿色化、融合化，提升发展质量和效益，增强经济发展的"含新量""含智量""含绿量""含金量"。

图4-6 传统优势产业转型升级方向

---

2. 传统优势产业转型升级的广东实践

2024年2月，广东省高质量发展大会强调，要"支持企业积极运用新技术、新设备、新材料、新工艺……要以企业生产技术的整体提升，带动产业转型升级，实现传统产业老树开新花"。广东以制造业立省，一直坚持制造业当家。传统产业是广东经济稳增长的底盘，早在十几年前，广东就率先着力推进产业转型，全省创新型经济走在全国前列。

改革开放以来，广东依靠"三来一补""前店后厂"模式，大力发展家电、纺织服装、建筑材料等传统加工制造业，"珠江水、广东粮、岭南衣、粤家电"造就了广东制造业高速增长的奇迹。如今，传统优势产业依旧是广东制造业"顶梁柱"之一，占全省规上工业三成以上，家电、家居建材、轻工纺织、服装出口等领域保持世界领先。2023年广东十大战略性支柱产业集群实现增加值47467.26亿元（见表4-1），同比增长4.6%。多个传统产业领域在国内外具有竞争优势，如家电产业规模占全国比重超过40%，占世界家电市场份额近30%；陶瓷、平板玻璃等材料领域产能居全国前三；服装出口占全球纺织服装类产品出口总额的6%以上；精制食用植物油、酱油、冷冻饮品、饮料产量居全国首位。

表4-1　2023年广东十大战略性支柱产业集群发展情况

单位：亿元

集群名称	增加值	营业收入
十大战略性支柱产业总计	47467.26	194706.50
1. 新一代电子信息	9637.61	47101.74

（续上表）

集群名称	增加值	营业收入
2. 绿色石化	4442.24	19362.56
3. 智能家电	3320.59	16995.13
4. 汽车	2760.66	13629.25
5. 先进材料	5321.74	26948.26
6. 现代轻工纺织	6471.33	27632.72
7. 软件与信息服务	4654.77	14273.59
8. 超高清视频显示	1230.30	6354.66
9. 生物医药与健康	1472.66	3990.39
10. 现代农业与食品	8155.36	18418.20

资料来源：《广东省2023年国民经济和社会发展计划执行情况与2024年计划草案的报告》，广东省人民政府门户网站2024年1月26日。

《 广东十大战略性支柱产业集群 》

战略性支柱产业集群主要是指产业关联度高、链条长、影响面广、具有相当规模且继续保持增长的产业集群，是广东经济的重要基础和支撑。广东省选择产值5000亿元以上、具有坚实发展基础和增长趋势、对全省经济具有重要支撑作用的有关产业集群作为十大战略性支柱产业集群。具体包括：新一代电子信息、绿色石化、智能家电、汽车、先进材料、现代轻工纺织、软件与信息服务、超高清视频显示、生物医药与健康、现代农业与食品等产业。

广东密集出台多项专项政策，推动传统产业改造升级，大力实施技术改造"双增"行动、"技改大会战"专项行动和产业集群数字化转型工程。家电、纺织服装、陶瓷等传统产业逐步形成数字化管理、平台化设计、网络化协同、智能化制造、个性化定制、服务化延伸等新业态新模式，广州花都狮岭箱包皮具、东莞松山湖电子信息、佛山顺德小家电等一批产业集聚区数字化转型试点逐步形成示范引领效应。2023年，广东已有超过5000家规模以上工业企业进行数字化转型，超过9300家工业企业开展技术改造，技改投资增速创6年新高。

广州花都狮岭箱包皮具产业
——从"狮岭制造"向"狮岭智造"跨越

广州市花都区狮岭镇是广东省传统产业集群数字化转型试点镇，全镇年产各类箱包皮具7亿多只，是中国乃至全球箱包皮具产业集聚程度最高、产业配套能力最强的基地。狮岭镇制定了《广州花都狮岭皮具箱包产业集群数字化转型实施方案（2020—2021年）》，建设产业链协同制造平台、共享制造中心及完善的生产服务配套，实现更为精准高效的共享协同、软硬结合、区域运营。在生产端，"云上平台"将工厂、商户、原辅料等信息集中到云端，生产者在软件上即可获取所有信息，真正做到"共享"和"集中"。在销售端，狮岭箱包皮具企业积极加入电商直播，拓宽国内外市场。狮岭箱包皮具产业正由简单的生产销售向创意设计、品牌营销等"微笑曲线"两端加速迈进，着力打造千亿元级时尚产业智造基地。

《 广东省推动传统产业转型升级主要政策举措 》

《广东省制造业数字化转型实施方案（2021—2025年）》提出，聚焦20个战略性产业集群，夯实工业软件、智能硬件及装备、平台、网络、安全等基础支撑，培育壮大新模式新业态。

《广东省新形势下推动工业企业加快实施技术改造若干措施》提出，推出财政、金融、链主企业带动产业数智化转型、绿色低碳改造等十方面的支持政策，加速打造工业"升级版"。

《关于进一步推动纺织服装产业高质量发展的实施意见》提出，推动全省纺织服装产业集群走时尚化、高端化、品牌化、数智化、低碳化、国际化和总部经济集聚地、创意设计策源地、服贸会展新高地的"六化三地"高质量发展道路。

《广东省实施消费品工业"数字三品"三年行动方案》提出，加强对轻工、纺织、食品和医药等消费品行业数字化转型的引导，着力提升企业数字化转型意识和数字化建设、数字化协同、数字化创新能力。

《2023年开展"粤食越好　粤品世界"推动食品工业提质升级专项行动方案》提出，在规划、投资、集群、企业、销售、服务等方面实施六大专项行动，为食品工业改造升级提质增效和全省食品消费扩容增量提供有力支撑。

《广东省纺织服装行业数字化转型指引》和《广东省家具行业企业数字化转型指引》提出，从研发设计、生产运营优化、仓储物流、供应链整合、平台服务升级、商业模式创新、大数据挖掘应用等关键环节，绘制了纺织服装和家具行业数字化转型路线图。

3. 广东传统优势产业发展构想

在加快构建新发展格局的时代背景下，广东传统优势产业迎来了以国内需求为导向、以供给侧结构性改革为主线的转型发展新机遇。广东传统优势产业应聚焦高端化、智能化、绿色化、融合化方向，坚持先立后破、有保有压，巩固提升规模体量优势，着力增强产业核心竞争力、自主可控能力和可持续发展能力，提升广东传统优势产业在全球产业分工中的地位和竞争力。

向高端化跃进。系统布局重点领域关键核心技术攻关，聚焦薄弱环节补短板，推动传统优势领域锻长板，增强产业结构体系协调性和产业链供应链韧性。加快实施产业基础再造工程和重大技术装备攻关工程，夯实产业基础，增强自主可控能力。推动建立以质量标准为基础的品牌战略，鼓励企业建立品牌培育管理体系，丰富品牌文化内涵，不断引领产业向中高端跃升。

向智能化升级。立足不同产业特点和差异化需求，加快人工智能、大数据、云计算、5G、物联网等信息技术与制造全过程、全要素深度融合。支持生产设备数字化改造，推广应用新型传感、先进控制等智能部件，加快推动智能装备和软件更新替代。以场景化方式推动数字化车间和智能工厂建设，探索智能设计、生产、管理、服务模式，聚力打造制造业数字化"链式转型"省域样本。

向绿色化发力。要加快传统优势产业产品结构、用能结构、原料结构优化调整和工艺流程再造，推进传统产业绿色低碳优化重构。加快开发绿色低碳技术，聚焦产品全生命周期绿色化，加快重点领域节能降碳和能效提升。引导传统企业建立绿色价值导向，借助自动控制、人机交互、循环发展，实现从源头设计到生产制造再到销售使用的全生命周期绿色化。

向融合化迈进。推进石油化工、有色、建材、电力等传统产业耦合发展，推动行业间首尾相连、互为供需和生产装置互联互通，实现能源资源梯级利用和产业循环衔接。促进传统产业与现代服务业深度融合，培育推广个性化定制、共享制造、全生命周期管理、总集成总承包等新模式、新场景在传统制造业领域深化应用。

（三）小苗速成荫：培育发展战略性新兴产业

1. 战略性新兴产业是发展新质生产力的主阵地

发展战略性新兴产业是构建现代化产业体系的重中之重，是培育发展新动能、促进经济高质量发展的重要举措，也是培育和发展新质生产力的主阵地。党的十八大以来，以习近平同志为核心的党中央高度重视战略性新兴产业发展。习近平总书记在会议、考察中多次对战略性新兴产业发展布局作出部署，国家部委也出台了系列战略性新兴产业发展规划、方案等。

《 习近平总书记关于战略性新兴产业的重要论述 》

2020年8月，习近平总书记在安徽考察时强调，要"坚持把做实做强做优实体经济作为主攻方向，一手抓传统产业转型升级，一手抓战略性新兴产业发展壮大"[①]。2023年4月，习近平总书记在广东发表重要讲话，指出"广东要始终坚持以制造业立省，更加重视发展实体经济，加快产业转型升级，推进产业基础高级化、产业链现代化，发展战略性新兴产业，建设更具国际竞争力的现代化产业体系"[②]。2023年5月，习近平总书记在陕西发表重要讲话，

---

①　《坚持改革开放坚持高质量发展　在加快建设美好安徽上取得新的更大进展》，《人民日报》2020年8月22日。

②　《坚定不移全面深化改革扩大高水平对外开放　在推进中国式现代化建设中走在前列》，《人民日报》2023年4月14日。

要求"勇于开辟新领域、新赛道，培育竞争新优势"[①]。2023年7月，习近平总书记在江苏考察时强调，要"不断以新技术培育新产业"[②]。2023年7月，习近平总书记在四川考察时指出，"要把发展特色优势产业和战略性新兴产业作为主攻方向，加快改造提升传统产业，前瞻部署未来产业，促进数字经济与实体经济深度融合，构建富有四川特色和优势的现代化产业体系"[③]。2023年9月，习近平总书记在黑龙江考察时强调，"加快形成新质生产力"[④]，积极培育新能源、新材料、先进制造、电子信息等战略性新兴产业，积极培育未来产业。

早在2010年，国务院就颁布了《关于加快培育和发展战略性新兴产业的决定》，自"十二五"规划以来，连续三个五年规划中都提及发展战略性新兴产业。2023年战略性新兴产业分类目录开始修订和完善，在2018版基础上将"八大产业"调整为"九大产业"，增加了"航空航天"和"海洋装备"两大产业，取消了"数字创意"产业。

[①] 《着眼全国大局发挥自身优势明确主攻方向　奋力谱写中国式现代化建设的陕西篇章》，《人民日报》2023年5月18日。

[②] 《在推进中国式现代化中走在前做示范　谱写"强富美高"新江苏现代化建设新篇章》，《人民日报》2023年7月8日。

[③] 《推动新时代治蜀兴川再上新台阶　奋力谱写中国式现代化四川新篇章》，《人民日报》2023年7月30日。

[④] 《牢牢把握在国家发展大局中的战略定位　奋力开创黑龙江高质量发展新局面》，《人民日报》2023年9月9日。

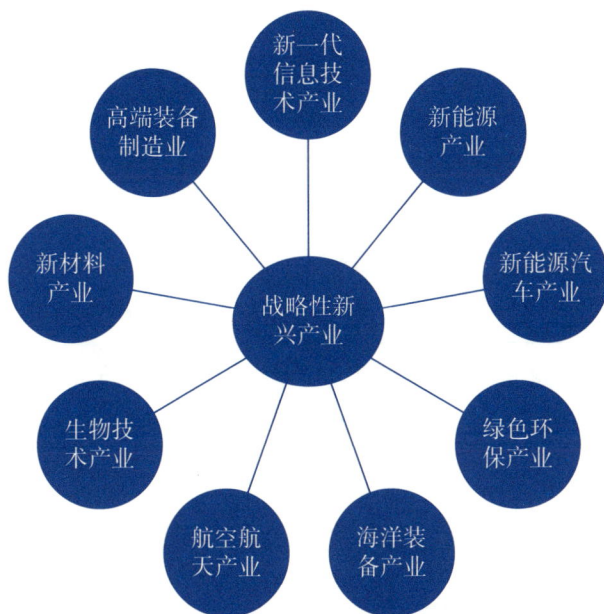

图4-7　中国重点发展的战略性新兴产业

2019年国家发展改革委印发了《关于加快推进战略性新兴产业产业集群建设有关工作的通知》，在12个重点领域公布了第一批国家级战略性新兴产业集群建设名单，涉及22个省、自治区、直辖市的66个集群（见表4-2）。

表4-2　首批国家级战略性新兴产业集群（66个）
建设重点领域分布

领域	个数	领域	个数
人工智能	4	生物医药	17
集成电路	5	节能环保	3
新型显示器	3	先进结构材料	5

（续上表）

领域	个数	领域	个数
下一代信息网络	3	新型功能材料	9
信息技术服务	7	智能制造	7
网络安全	1	轨道交通装备	2

资料来源：《战略性新兴产业形势判断及"十四五"发展建议（下篇）》，国家发展和改革委员会2021年1月12日。

2. 战略性新兴产业的形成机制与发展路径

（1）战略性新兴产业的形成机制。

战略性新兴产业既具有新兴产业的一般特征，也具有不同于一般新兴产业的独特特征，包括战略导向性、高成长性、重大创新性和高风险性四个方面。战略性新兴产业有三种形成机制：从传统产业分化和升级而来、由"重大市场需求"拉动而来、

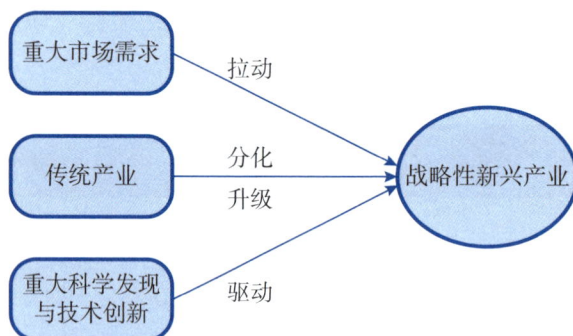

图4-8　战略性新兴产业的形成机制

由"重大科学发现与技术创新"驱动而来。在科技创新驱动和市场需求拉动的作用下，新兴产业不断发展壮大。在市场和政府的双重推动下，战略性新兴产业逐步发展成熟，成为国民经济支柱产业。

（2）战略性新兴产业的发展路径。

从产业发展的主导力量来看，战略性新兴产业形成与发展的路径有三种：第一种路径是美国等西方国家普遍采用的市场主导产业发展路径，充分依靠市场力量来发展产业；第二种路径是日本、韩国、新加坡等亚洲国家采用的政府主导产业发展路径，政府干预新兴产业从而推动产业发展；第三种路径是市场与政府相结合的发展路径。

市场主导的内生路径。市场自发的新兴产业形成和发展，实质是新兴产业在自然市场环境下依靠自身力量生存竞争，获得市场拉动的成长过程。市场自发形成新兴产业的优点在于：首先，经历了严酷的市场竞争，产业素质较高；其次，经历了市场的严格选择，产业自我发展能力和创新能力较强。但也存在不足：一是新兴产业形成和发展速度比较慢；二是新兴产业形成和发展有一定程度的盲目性、波动性；三是存在"市场失灵"的情况，在一些公共领域或高外部性的环节，单纯依靠市场力量无法解决。

政府作用下的外推路径。政府扶持的新兴产业形成和发展路径，是指新兴产业在政府政策倾斜式扶持下参与产业竞争，获取必需的生产要素、经济资源和市场份额，逐步形成和发展的过程。政府扶持新兴产业形成和发展方式的优点在于：第一，新兴产业形成和发展速度比较快，经历时间比较短；第二，政府培育新兴产业目的性比较明确、前瞻性强，不易受经济系统本身不确定性的影响；第三，新兴产业极化效应时间跨度比较短，社会承担的新兴产业成长成本可能比较低。但也存在不足：一是产业素质和市场自发方式相比可能会比较低；二是存在"政府失灵"现象，政府的过度干预将导致"寻租现象"和市场效率低下。

市场和政府共同作用下的发展路径。纯粹的市场自发模式和纯粹的政府培育模式在现实经济社会中都不存在，通常情形是战略性新兴产业在市场与政府政策共同构筑的环境中形成与发展，受市场与政府政策共同作用和影响。市场的内生动力是战略性新兴产业发展最根本的推动力量，处于决定性地位，而政府推动则起着催化剂的作用，同样不可忽视。市场和政府结合的具体方式有两种：一是市场先行自发选择，政府力量再介入培育和扶持；二是政府先行选择、培育和扶持，再接受市场检验。不管选用哪种方式，都必须遵循战略性新兴产业发展的客观规律和市场规律。

3. 中国战略性新兴产业整体概况

经过十多年发展，中国战略性新兴产业已具规模，新能源汽车、锂电池、光伏产品等重点领域加快发展，数字经济等新兴领域形成一定领先优势，诸多行业开始形成具有一定影响力的头部企业和具有隐形冠军潜质的特色企业。2010年中国战略性新兴产业增加值占GDP的比重为4%，2015年提升至约8%，而2022年超过13%，"十四五"规划和2035年远景目标纲要提出目标比重超过17%。战略性新兴产业持续快速发展，从地区分布上，北京、上海、广东、山东等地区战略性新兴产业发展基础良好。以广东省深圳市为例，近年超过三分之一的经济贡献来自战略性新兴产业。

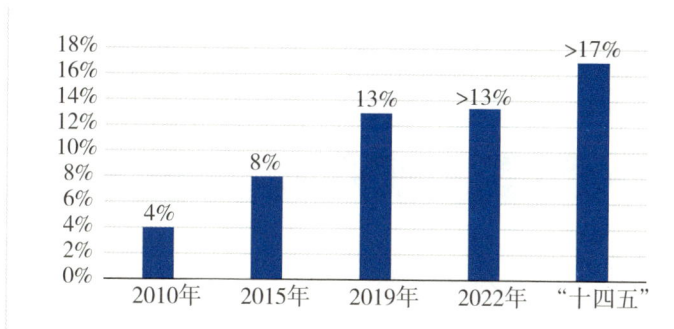

图4-9 中国战略性新兴产业增加值占GDP比重

数据来源：根据《中国统计年鉴》及国家发展改革委公布的数据整理。

4. 培育发展战略性新兴产业的广东实践

（1）广东战略性新兴产业发展现状。

广东省高质量发展大会提出，新质生产力，"新"在新的科学技术、新的生产方式、新的产业形态，核心要义是以科技创新驱动生产力向新的质态跃升。战略性新兴产业不仅是引领广东实现新旧动能转换、推进产业结构转型升级的重要力量，也是广东发展新质生产力的关键领域。

广东作为全国第一经济大省，始终坚持以制造业立省，把发展战略性新兴产业作为重中之重，现已形成"8372"战略性产业集群发展格局。2023年，广东十大战略性新兴产业集群呈现蓬勃发展态势，实现增加值0.74万亿元，同比增长9.2%。其中，数字创意产业集群增加值同比增长16.1%，新能源产业集群增长12.7%，半导体与集成电路产业集群增长10.9%，前沿新材料产业集群增长10%。在区域布局方面，珠三角地区广州市、深圳市、珠海市、佛山市、东莞市和江门市布局较为全面，广东沿海经济带和北部生态发展区仅在部分新兴产业方面重点布局。

《 "8372" 战略性产业集群 》

8个万亿元级产业集群：新一代电子信息产业、现代轻工纺织产业、先进材料产业、绿色石化产业、现代农业与食品产业、智能家电产业、软件与信息服务业、汽车产业。

3个五千亿至万亿元级产业集群：新能源产业、超高清视频显示产业、数字创意产业。

7个一千亿至五千亿元级产业集群：生物医药与健康产业、安全应急与环保产业、高端装备制造产业、半导体与集成电路产业、精密仪器设备产业、激光与增材制造产业、前沿新材料产业。

2个百亿元级产业集群：智能机器人产业、区块链与量子信息产业。

表4-3　2023年广东十大战略性新兴产业集群发展情况

单位：亿元

集群名称	增加值	营业收入
十大战略性新兴产业总计	7406.61	29913.48
1. 半导体与集成电路	656.66	2703.80
2. 高端装备制造	792.74	3501.94
3. 智能机器人	116.50	723.98
4. 区块链与量子信息	101.25	335.13
5. 前沿新材料	300.26	1091.02
6. 新能源	1838.72	8341.59
7. 激光与增材制造	322.39	1461.46
8. 数字创意	1690.98	6233.38
9. 安全应急与环保	985.51	3335.81
10. 精密仪器设备	601.60	2185.37

资料来源：《广东省2023年国民经济和社会发展计划执行情况与2024年计划草案的报告》，广东省人民政府门户网站2024年1月26日。

说明：产业集群区域布局的重要程度用 ★ 的数量表示，其中 ★★★ 标注核心城市，★★ 标注重点城市，★ 标注一般城市；未标星的地市可以结合自身实际谋划发展。

表4-4 广东十大战略性新兴产业布局

产业集群	珠三角地区									沿海经济带东翼				沿海经济带西翼			北部生态发展区					具有布局该集群的地市数量（个）
	广州	深圳	珠海	佛山	东莞	惠州	中山	江门	肇庆	汕头	汕尾	揭阳	潮州	湛江	茂名	阳江	韶关	梅州	河源	清远	云浮	
11.半导体与集成电路	★★★	★★★★	★★★★	★★	★★★	★	★	★★	★	★★★							★★		★			11
12.高端装备制造	★★★	★★★★	★★★★	★★	★★★	★★	★★	★★★★	★★	★★★		★		★		★★	★★★			★★		15
13.智能机器人	★★★	★★★★	★★	★★★★	★★★	★	★★	★★★★	★★	★	★	★	★	★		★			★			13
14.区块链与量子信息	★★★	★★★★	★★★	★★	★★★	★	★	★	★													8
15.前沿新材料	★★★	★★★★	★★★★	★★★	★★★	★★★	★★★	★★★	★★★	★★★		★	★	★★★		★★★	★★★		★	★★★		16
16.新能源	★★★	★★★★	★★	★★	★★★	★★	★★	★★	★★	★★				★★		★★★					★	14
17.激光与增材制造	★★★	★★★★	★★	★★	★★	★★★	★★★	★★★★	★	★				★		★		★				13
18.数字创意	★★★	★★★★						★		★★												8
19.安全应急与环保	★★★	★★★★	★★★★	★★★	★★★	★★★	★★★	★★★	★★★	★★★			★★	★★	★★	★★★	★★★	★★	★★★	★★		18
20.精密仪器设备	★★★	★★★★	★★★★	★★★	★★	★★★	★★	★★★	★★★	★★★				★★		★		★★	★	★	★	18
各地市布局的新兴产业数量（个）	10	10	10	10	10	8	9	10	7	8	4	4	5	6	2	4	4	3	5	3	2	

资料来源：《广东省人民政府关于印发广东省制造业高质量发展"十四五"规划的通知》，广东省人民政府门户网站2021年8月9日。

（2）广东战略性新兴产业重点发展领域。

新一代信息技术产业。新一代信息技术产业包括电子信息核心基础产业、下一代信息网络产业，以及以人工智能、大数据、云计算为代表的高端软件与新兴信息服务产业等。《广东省培育发展"双十"产业集群行动计划编制工作方案》中明确提出将电子信息产业作为广东省战略性支柱产业集群加快推动培育发展，并提出六大重点工程。2022年，广东电子信息制造业营业收入4.67万亿元，占全省工业营业收入的26%，连续32年居全国第一。华为、TCL、中兴、比亚迪等入选《2022年电子信息企业竞争力指数报告及前百家企业名单》。珠三角地区在智能终端、信息通信、集成电路设计等领域具有良好产业基础，5G手机、通信设备、计算机整机等产品产量居全国前列。工业机器人产量已连续四年稳居全国第一，全国每3台工业机器人就有一台"广东造"。

生物技术产业。生物技术产业主要包括生物药、化学药、现代中药、医疗器械、医疗服务、健康养老等领域。2020年，广州获授"中国最具投资价值生物医药创新城市"称号，多项指标名列前茅，总排名第三，仅次于上海和北京。广东医疗器械综合能力全国领先，大湾区是全国医疗器械的重要研发生产基地。截至2023年11月，广东"两品一械"获证生产经营企业约25万家，位居全国第一；药品、医疗器械上市企业57家，化妆品上市企业4家，总量全国第一，大湾区拥有迈瑞医疗、华大基因、健帆生物、稳健医疗等医械龙头企业。未来要抢抓全球生命健康领域科技发展机会，打造具有岭南特色的生物产业生态系统，完善双核多节点产业空间布局，打造生物医药与健康产业集聚区。

新能源（含新能源汽车、新能源）产业。新能源包括核能、风能、太阳能、生物质能、地热能、海洋能、氢能等还没有规模化应用的能源。预计到2025年，广东新能源产业营业收入超1万亿元，增加值超2000亿元。近年来，大湾区新能源领域的太阳能电池、集热器、风力发电机组研发制造，氢能开发及储能，充电桩和智能电网建设等处于全国领先水平，部分自主品牌达到国际先进水平。广东在海上风电、太阳能、氢能、核电等领域竞争力较强，形成了"龙头带动、项目支撑、上下游联动"的产业集群格局。

广东是全国新能源汽车产销第一大省，国家统计局数据显示，2023年广东省汽车产销量连续七年居全国第一。其中，新能源汽车产量超250万辆，全国每4辆新能源汽车就有一辆是"广东造"。比亚迪公司是中国汽车年度销量冠军，也夺得了全球新能源汽车销量冠军。广东将持续统筹推进汽车产业集群建设，发挥整车企业引领带动作用，加强重点汽车零部件项目建设，打造安全可控的产业链配套体系。

新材料产业。"十三五"期间，广东新材料产业发展迅速，呈现规模化、绿色化、高端化、智能化发展趋势，初具世界级先进材料产业集群雏形，成为支撑广东经济发展的主导力量之一。2021年广东新材料产业产值2.7万亿元，居全国前列。在珠三角地区，新材料产业主要分布在广州、深圳、佛山等地，以外向出口型为主。新材料产业集中度高，技术创新型中小企业在产业中占主导地位，在电子信息材料、改性工程塑料、陶瓷材料等领域具有较强优势。未来将围绕前沿新材料重点领域，推动产业链和创新链协同发展，培育一批区位优势突出、产业特色明显、政策配套完善、具有品牌竞争力的产业集聚区。

高端装备制造产业。高端装备制造产业主要包括高端数控机床、海洋工程装备、航空装备、卫星及应用、轨道交通装备、集成电路装备等重点领域。广东作为全国制造业大省，一直高度重视发展装备制造业特别是高端装备制造业，推动装备制造业高端化、智能化、绿色化、国际化发展。高端装备制造业集群方面的数控系统、导轨、电主轴环节处国内领先水平，广深佛莞智能装备产业集群已成为国家先进制造业集群之一，龙头骨干企业在人形机器人、商业航天、飞行汽车、深海装备等未来产业新技术新应用方面不断取得突破，未来智能装备产业呈现快速发展的良好态势。

绿色环保产业。绿色环保产业是指为节约能源资源、发展循环经济、保护生态环境而提供物质基础和技术保障的产业。广东省为建设节能环保产业强省，积极完善节能环保产业政策环境，大力发展节能环保技术，加快培育节能环保市场。中国环境保护产业协会调查数据显示，2020年广东全省环保产业营业收入首次排名全国第一，2021年以约4300亿元蝉联全国第一。产业结构上以环境服务业为主，环境服务业营业收入占比达90%以上。固体废物处理处置与资源化、土壤修复等细分领域营业收入排名全国第一，水污染防治和环境监测领域营业收入排名全国第二。未来要不断推动节能环保产业集群和节能环保事业发展，节能环保产业规模将持续扩大。

5. 广东战略性新兴产业发展思路

（1）聚焦重点领域，推进战略性新兴产业发展壮大。

战略性新兴产业代表新一轮科技革命和产业变革的方向，是培育新动能、发展新质生产力的主要阵地。要紧紧围绕贯彻落实习近平总书记对广东推动高质量发展、发展实体经济、以科技创新推动产业创新的殷殷嘱托和重要要求，着眼中国式现代化大局、科技创新发展大势、生产力发展规律，聚焦新能源、生物医药、集成电路、精密仪器设备、前沿新材料、智能机器人、商业航天等新兴产业领域，推进战略性新兴产业发展壮大。大力推进20个战略性产业集群建设，提质壮大现有8个万亿元级产业集群，加快推动超高清视频显示、生物医药与健康、新能源等产业成为新的万亿元级产业集群，加快打造若干个五千亿元级的新兴产业集群，加快建设更具国际竞争力的现代化产业体系，为发展新质生产力提供支撑。

表4-5　广东战略性新兴产业重点发展方向

产业领域	重点发展方向
新能源（包括新能源、新能源汽车）	大力发展先进核能、海上风电、太阳能等优势产业，加快培育氢能、储能、智慧能源等新兴产业，形成国内领先、世界一流的新能源产业集群；加快新能源汽车、智能网联、共享汽车发展，围绕新型动力电池、驱动系统、高算力芯片、高性能传感器、操作系统、电池关键零部件等，推进建链强链补链延链，高水平打造汽车零部件产业集群
生物医药	重点发展生物医药和高端医疗器械产业，积极发展生物保健、生物制造、生物农业，布局海洋生物医药，实现生物医药与健康产业规模、集聚效应、创新能力国内一流，打造万亿元级产业集群

（续上表）

产业领域	重点发展方向
新一代电子信息	围绕核心零部件、芯片及电子元器件、生产设备、检验检测设备、控制软件、设计软件、操作系统、智能终端、人工智能等重点环节和领域，将广东建设成为全球新一代通信设备、新型网络、手机及新型智能终端、半导体元器件、新一代信息技术创新应用产业集聚区
新材料	围绕石墨烯、超材料、新型显示、高温超导、非晶合金等领域开展核心技术突破；培育新型半导体材料、电子新材料和电子化学品、先进金属材料、新能源材料、生物医用材料、纳米材料与技术、材料创新服务等重点领域集聚区
高端装备制造	开展高端数控机床、海洋工程装备、航空装备、卫星及应用、轨道交通装备、集成电路装备等重点工程建设，打造全国高端数控机床、海洋工程装备、航空装备、卫星及应用、轨道交通装备等高端装备制造的重要基地
智能机器人	围绕机器人减速器、机器人控制器、机器人伺服系统、机器人集成应用、无人机、无人船、服务机器人、智能提升等领域开展重点工程建设，提升机器人在深度感知、自主控制、精准执行、人机交互、安全运维方面的能力水平
商业航天	创新城市空运、应急救援、物流运输等应用场景，加快建设低空无人感知产业体系，推进低空飞行服务保障体系建设，支持深圳、广州、珠海建设通用航空产业综合示范区，办好第十五届中国国际航空航天博览会，打造大湾区低空经济产业高地

资料来源：《广东省人民政府关于培育发展战略性支柱产业集群和战略性新兴产业集群的意见》和2024年广东省《政府工作报告》，广东省人民政府门户网站。

（2）推动产业政策向战略性新兴产业全领域覆盖，形成更为完善的政策体系。

新兴产业代表未来发展方向，具有技术含量高、发展前景好等特点，是拉动经济增长、推动产业结构优化升级的关键动力。广东要优化战略性新兴产业管理模式，推出新兴产业发展规划，科学谋划布局、实现错位发展，积极培育新产业、新业态、新模式，发挥各地区各部门主动性，基于区域现实条件和潜在优势，在财税金融、知识产权、人才培养等方面出台更多支持政策，使战略性新兴产业发展底气更足。完善产业政策引导支撑体系，全面提升战略性新兴产业企业的创新能力。通过税收优惠、融资支持、政府采购倾斜等措施，帮助战略性新兴产业领军企业加快突破关键核心技术，深化产业链上下游适配性对接。打造"热带雨林"式的多点覆盖创新生态，为中小企业提供技术研发和商业化支持。

（3）推进优质要素资源集中高效配置，进一步促进战略性新兴产业集群发展。

广东要牢牢抓住新一轮科技革命和产业变革带来的重大战略机遇，充分发挥科技创新对战略性新兴产业的策源作用，着力加大要素资源保障和政策统筹力度，加快发展壮大集成电路、新型储能、新能源汽车、前沿新材料、生物制造、商业航天等新兴产业，建设具有国际竞争力的战略性新兴产业集群。立足广东各地现有的资源要素禀赋和产业发展格局，引导形成一批创新能力强、具有自主知识产权品牌及产品链条完善的创新型企业。引导各地市携手制定区域产业协同发展规划，明确各地核心优势，促使创新资源优化配置。加快新型基础设施建设，降低创新资源跨区域流动成本。完善战略性新兴产业发展生态环境，促进产城融合发展。

（4）完善战略性新兴产业投融资政策体系，发展多样化的融资方式。

金融作为科技创新的重要支撑，对于新质生产力的形成具有至关重要的作用。广东要继续加大财政性资金对战略性新兴产业的扶持力度，充分发挥产业专项资金的引导作用，直接向战略性新兴产业提供资金支持。鼓励数字经济、新能源、新材料、生物健康和先进制造等战略性新兴产业领域中具有发展潜力和带动能力的科技型企业上市融资，支持其发行债券、优先授信和创业投贷。积极推进金融创新，拓宽战略性新兴产业企业的直接融资渠道。大力推广投贷联动、知识产权质押融资等新型融资模式，为企业提供更加便利的融资服务。支持发展创业投资、产业投资基金等直接融资方式，拓宽直接融资渠道。积极培育区域股权市场，支持企业通过发行股票、债券等方式直接融资。

（5）锻造符合新质生产力要求的高素质人才队伍，强化产业人才支撑。

人才是创新的根基，创新驱动本质上是人才驱动。发展新质生产力，需要一大批熟练掌握新质生产资料、突破颠覆性技术和推进基础性研究的高素质人才。习近平总书记强调，要按照发展新质生产力要求，畅通教育、科技、人才的良性循环，完善人才培养、引进、使用、合理流动的工作机制。[1]广东要牢牢抓住建设粤港澳大湾区高水平人才高地的重大机遇，一体推进教育强

---

① 《加快发展新质生产力　扎实推进高质量发展》，《人民日报》2024年2月2日。

省、科技强省和人才强省战略，加快培养造就符合新质生产力要求的规模庞大、结构优良的高素质人才队伍。支持战略性新兴产业企业与高校共建创新研发机构、博士后工作站、联合实验室等平台，拓宽高端创新研发人才、工程技术人才进入渠道，强化产业人才支撑。

（四）种子快发芽：前瞻布局未来产业

1. 开辟未来产业新赛道

未来产业是中国未来国民经济和产业体系中的核心部分，具有技术颠覆性强、产业关联度高、市场空间潜力大等特征。前瞻布局未来产业有利于培育发展一批产业规模大、带动能力强的新支柱产业，对于支撑中国中长期经济增长、引领现代化产业体系建设具有先导作用，是培育新质生产力的主要阵地。党中央高度重视未来产业发展，《中华人民共和国国民经济和社会发展第十四个五年规划和2035年远景目标纲要》中明确提出要"前瞻谋划未来产业"。2024年1月发布的《工业和信息化部等七部门关于推动未来产业创新发展的实施意见》提出，要重点推进未来制造、未来信息、未来材料、未来能源、未来空间和未来健康六大方向产业发展，为中国未来产业的发展谋定了方向。

2. 广东前瞻布局未来产业

作为全国工业门类最为齐全的制造业大省之一，广东在培育20个战略性产业集群，依托算力设施、产业规模、数据要素、应用场景等优势，积极谋划超前布局6G、量子科技、生命科学、人形机器人等未来产业，着力打造通用人工智能产业创新引领地，开辟新赛道。2024年2月，在全省高质量发展大会上，广东发布未来电子信息、未来智能装备、未来生命健康、未来材料、未来绿色低碳五大未来产业集群行动计划，瞄准有望形成千亿元级、万亿元级规模的前沿产业方向，构建未来产业发展矩阵，为未来产业发展定向领航。

表4-6　未来产业门类及内涵

产业	内涵
未来电子信息产业	以新一代网络通信、量子信息、虚拟现实等新一代信息技术与工业技术交叉融合为驱动的前瞻性产业
未来智能装备产业	由前沿技术驱动，当前处于孕育萌发阶段或产业化初期，具有前瞻性、引领性、颠覆性、突破性等特点的高端智能装备产业
未来材料产业	面向材料应用的功能性突破，以前沿布局、培育需求为导向，为智能终端、高端装备等提供基础性、战略性支撑的前沿材料产业
未来生命健康产业	尚处于孕育和研发阶段，由前沿生物医药技术推动的，未来在疾病预防、诊断、治疗和康复方面具有广泛应用场景的产业
未来绿色低碳产业	面向未来可持续发展需求，具有低能耗、低污染、节约原材料、保护生态环境等生态优势，前瞻性推动节能降碳的装备制造、改造升级、绿色转型等相关产业

（1）未来电子信息产业集群。

未来电子信息产业是以新一代网络通信、量子信息、虚拟现实等新一代信息技术与工业技术交叉融合为驱动，代表新一轮科技和产业革命的发展方向，引领未来经济增长和社会发展的前瞻性产业，主要包括新一代网络通信、人工智能终端、虚拟现实、量子信息等前沿领域。广东加快发展新一代电子信息战略性支柱产业集群，促进产业迈向全球价值链高端，取得了一批具有影响力的创新成果，为培育发展未来电子信息产业打下了良好基础。

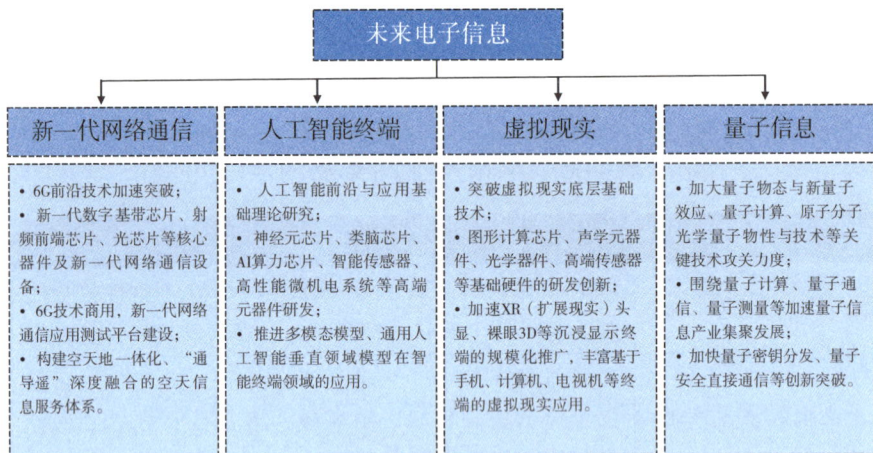

未来电子信息			
新一代网络通信	**人工智能终端**	**虚拟现实**	**量子信息**
• 6G前沿技术加速突破； • 新一代数字基带芯片、射频前端芯片、光芯片等核心器件及新一代网络通信设备； • 6G技术商用，新一代网络通信应用测试平台建设； • 构建空天地一体化、"通导遥"深度融合的空天信息服务体系。	• 人工智能前沿与应用基础理论研究； • 神经元芯片、类脑芯片、AI算力芯片、智能传感器、高性能微机电系统等高端元器件研发； • 推进多模态模型、通用人工智能垂直领域模型在智能终端领域的应用。	• 突破虚拟现实底层基础技术； • 图形计算芯片、声学元器件、光学器件、高端传感器等基础硬件的研发创新； • 加速XR（扩展现实）头显、裸眼3D等沉浸显示终端的规模化推广，丰富基于手机、计算机、电视机等终端的虚拟现实应用。	• 加大量子物态与新量子效应、量子计算、原子分子光学量子物性与技术等关键技术攻关力度； • 围绕量子计算、量子通信、量子测量等加速量子信息产业集聚发展； • 加快量子密钥分发、量子安全直接通信等创新突破。

图4-10　广东未来电子信息产业集群重点工程

资料来源：《广东省培育发展未来电子信息产业集群行动计划》，广东省工业和信息化厅网站2024年2月23日。

《 围绕创新链布局产业链，构建量子信息产业生态体系 》

在量子通信领域，广东通过引进国内头部企业分支机构和省内研究机构孵化模式，不断增强企业实力，该领域上游、中游、下游均有较为活跃的企业。依托紫光同创加速FPGA（现场可编程逻辑门阵列）芯片国产化发展，填补了国内在千万门级高性能FPGA领域的空白，筑牢上游优势地位；依托国腾量子等本地企业，以及国盾量子、问天量子、国科量子等引入企业，实现量子通信上游核心设备、中游系统平台和建设运维环节一体化布局；下游肇庆高新区量子政务示范网、粤港澳量子通信骨干网的建设都推动了量子保密通信行业产业生态加快形成。在量子计算领域，深圳形成了量子计算发展热区，科技巨头与初创公司并进，迈入国内量子计算产业发展的第一梯队。华为、腾讯等科技巨头主要采取与科研机构合作或聘请领军科学家模式，成立量子实验室，在量子计算硬件、软件算法、云平台及应用服务等方面进行布局。初创企业量旋科技由深圳量子科学与工程研究院孵化，重点依托实用型超导芯片量子计算机和核磁共振量子计算技术进行产业布局和发展，推动广东省量子计算产业化进程。

（2）未来智能装备产业集群。

未来智能装备是未来产业和未来技术发展的重要方向，具有前瞻性、突破性、颠覆性、引领性等特点，主要包括人形机器人、空天装备、深海装备、深地装备等前沿领域。广东坚持以智能制造为主攻方向，推动装备制造业高端化、智能化、绿色化、国际化发展，龙头骨干企业在人形机器人、商业航天、飞行汽车、深海装备等未来产业新技术新应用方面不断取得突破，未来智能装备产业呈现快速发展态势。

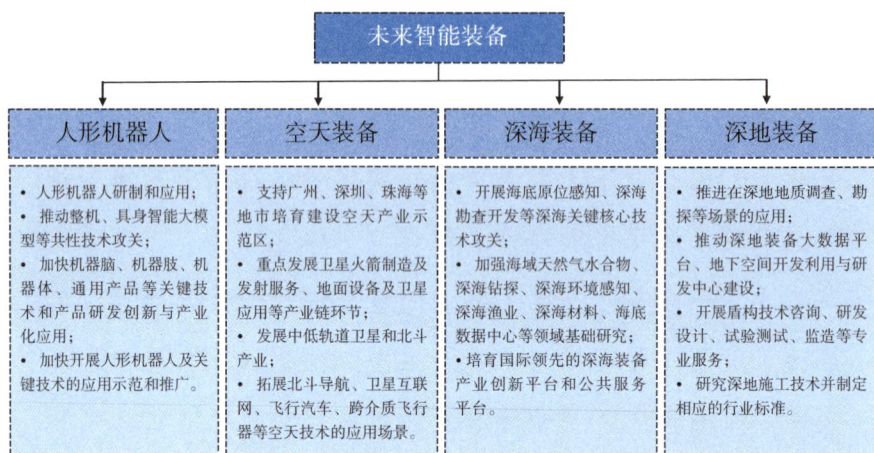

图4-11 广东未来智能装备产业集群重点工程

资料来源：《广东省培育未来智能装备产业集群行动计划》，肇庆市工业和信息化局网站2024年2月28日。

《 探索海空深处，竞逐新赛道 》

早在2021年，《广东省科技创新"十四五"规划》首次提出支持中国科学院与广州市在南沙共建明珠科学园，聚焦深海、深空、深地领域，打造具有全球影响力的前沿科学研究和技术创新高地，拉开了南沙在科技创新领域走向深海与深空等全新领域的序幕。2023年1月，中科宇航产业化基地落成仪式暨产品发布会在广州南沙举行，宣告国内首个全产业链精益化、数字化、智慧化的商业航天产业化基地在南沙投产运营。作为商业航天产业"链主"，该基地将带动千亿元级规模的宇航动力研发、卫星研发、火箭卫星测控等上下游关联产业链在南沙聚集，形成商业航天的聚集高地。与此同时，天然气水合物勘查开发国家工程研究中心、南海岛礁国家技术创新中心等国家级平台相继在南沙落地。随着相关产业链逐步引入，一个集"产学研政金"于一体、面向世界的深海、深空、深地产业集群在南沙有了发展雏形。

（3）未来材料产业集群。

未来材料产业是基于材料领域重大科技创新、颠覆性技术突

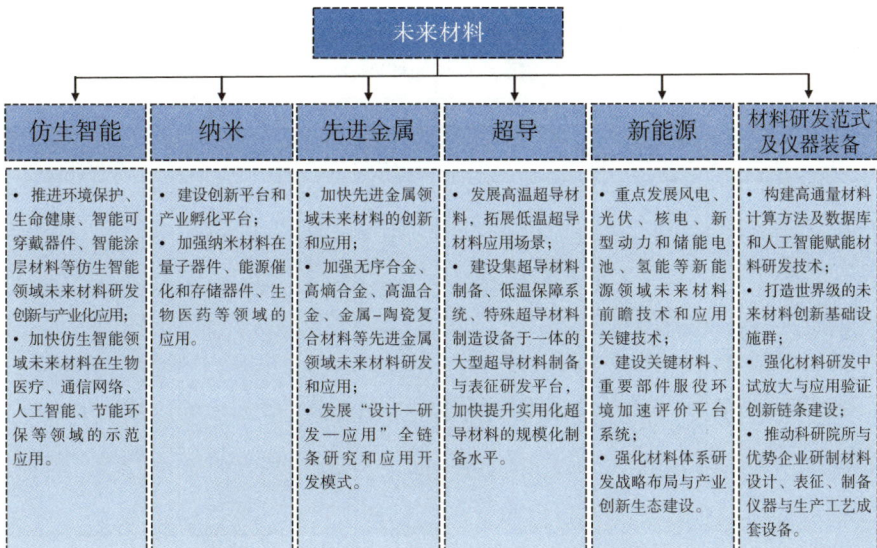

未来材料					
仿生智能	纳米	先进金属	超导	新能源	材料研发范式及仪器装备
· 推进环境保护、生命健康、智能可穿戴器件、智能涂层材料等仿生智能领域未来材料研发创新与产业化应用； · 加快仿生智能领域未来材料在生物医疗、通信网络、人工智能、节能环保等领域的示范应用。	· 建设创新平台和产业孵化平台； · 加强纳米材料在量子器件、能源催化和储能器件、生物医药等领域的应用。	· 加快先进金属领域未来材料的创新和应用； · 加强无序合金、高熵合金、高温合金、金属—陶瓷复合材料等先进金属领域未来材料研发和应用； · 发展"设计—研发—应用"全链条研究和应用开发模式。	· 发展高温超导材料，拓展低温超导材料应用场景； · 建设集超导材料制备、低温保障系统、特殊超导材料制造设备于一体的大型超导材料制备与表征研发平台，加快提升实用化超导材料的规模化制备水平。	· 重点发展风电、光伏、核电、新型动力和储能电池、氢能等新能源领域未来材料前瞻技术和应用关键技术； · 建设关键材料、重要部件服役环境加速评价平台系统； · 强化材料体系研发战略布局与产业创新生态建设。	· 构建高通量材料计算方法及数据库和人工智能赋能材料研发技术； · 打造世界级的未来材料创新基础设施群； · 强化材料研发中试放大与应用验证创新链条建设； · 推动科研院所与优势企业研制材料设计、表征、制备仪器与生产工艺成套设备。

图4-12　广东未来材料产业集群重点工程

资料来源：《广东省培育未来材料产业集群行动计划》，广东省科学技术厅网站2024年2月18日。

破和技术产业化而形成的，面向未来、决定未来产业竞争力的先导性产业。结合国家、省相关规划和广东省未来材料产业发展的现状，广东未来材料产业重点围绕仿生智能、先进金属、超导、纳米、新能源等领域发展布局。广东在未来材料领域布局建设一批重大科技基础设施和重大科技创新平台，在纳米、超导等未来材料技术领域形成一批新材料和新产品，未来材料产业创新体系日益完善、关键技术持续突破、应用场景不断拓展，对先进制造业的支撑引领作用初步显现。

（4）未来生命健康产业集群。

未来生命健康产业是指尚处于孕育和研发阶段，由前沿生物医药技术推动的，未来在疾病预防、诊断、治疗和康复方面具有广泛应用场景的产业，主要包括基因技术、细胞治疗、AI+生

未来生命健康

基因技术	细胞治疗	AI+生物医药	合成生物学	脑科学与类脑研究
• 支持基因测序技术在生命健康和疾病解析技术方面的创新应用； • 充分开发和利用深圳国家基因库人类遗传资源及基因信息大数据，支持"人类时空多组学"国际大合作； • 探索治疗性基因编辑技术。	• 研发新型免疫细胞亚群的创新型改造、干细胞-类器官的药物筛选技术、功能细胞自动化和规模化扩增技术及细胞治疗药物等关键技术和装备； • 推动细胞治疗产品在重大疾病和多发性疾病中的转化应用。	• 开展新型药物设计和筛选、重组抗体设计与合成、新型药物递送材料或递送系统等多领域分析与研究； • 推进智能医学成像、智能影像识别、分子影像诊断、病理分析等研发和示范应用； • 重点开发体征监测、疾病诊断、治疗支持相关可穿戴设备与诊断软件等产品。	• 突破人工合成细胞、生物制造菌种设计、高通量筛选、高效基因表达与精准调控等关键技术； • 重点攻克人工细胞磷脂膜合成、脱氧核糖核酸自主复制、自动化高通量生命功能设计与构建、工业菌种创建与创新迭代与优化生化反应与生物合成途径等关键技术。	• 重点开展脑认知功能解析、重大脑疾病诊治、类脑智能等研究； • 探索构建"华南地区人脑组织资源库"； • 开展脑科学、脑疾病、脑机接口与交互以及类脑智能研究； • 发展脑图谱技术和脑疾病诊治技术，发展脑健康和脑疾病诊治技术产业。

图4-13　广东未来生命健康产业集群重点工程

资料来源：《广东省培育未来生命健康产业集群行动计划》，广东省科学技术厅网站2024年2月28日。

物医药、合成生物学、脑科学与类脑研究等方面。广东生物医药产业整体位居全国第一方阵,生物医药科技研发能力走在全国前列,广州、深圳已成为全省乃至全国生物医药产业重要增长极,产业生态持续优化,产业要素和高水平创新人才加速集聚,为未来生命健康产业发展奠定了扎实基础。

《 合成生物学产业 》

合成生物学深度融合了分子和细胞生物学、工程学、生物化学和信息技术等多个尖端技术,通过工程化的方法编码基因、改造生物,重构并新建出更加符合产业化的新型生物系统,集可持续、低成本等诸多优势于一体,被认为是"DNA双螺旋结构"和"基因组技术"之后的第三次生物科技革命。从产业链来看,上游基础层企业提供技术赋能,中游平台层企业进行生物体设计改造,下游应用层企业则打通了从基因编辑到产品落地的合成生物学全产业链,侧重规模化生产。目前合成生物学已广泛运用在医疗健康、绿色能源、日化美妆、生物基材料、食品消费等领域,展现出强大的产业应用潜力。根据《2022 年中国合成生物学绿色应用与产业感知调研报告》,截至2023年3月5日,广东有超10万家合成生物学潜力企业,是"合成生物"企业注册登记最多的省级行政区,前端研发能力突出,发展潜力巨大。

（5）未来绿色低碳产业集群。

未来绿色低碳产业是推进未来工业绿色低碳转型、实现高质量发展的重要支撑。随着绿色低碳转型产业政策的落实，广东绿色低碳制造业的含金量不断提升。截至2023年12月，广东累计创建国家级绿色工厂400家、绿色工业园区11家、绿色供应链管理企业80家，绿色制造示范单位数量居全国首位，探索发展未来绿色低碳产业的基础良好。聚焦绿色低碳需求、前沿技术驱动、未来高成长性和战略支撑性的产业方向，广东未来绿色低碳产业将

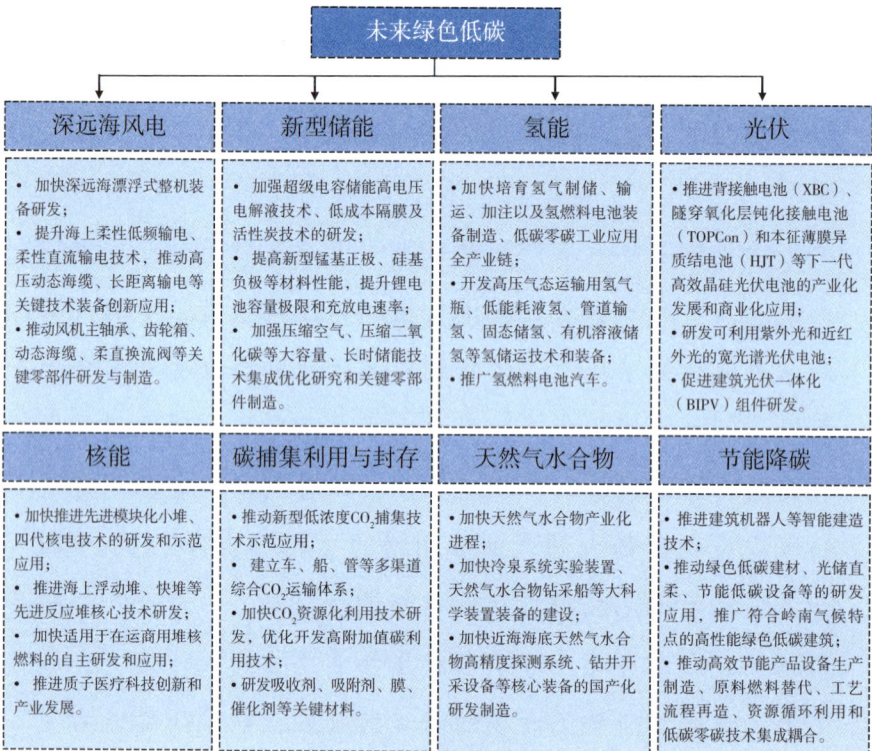

图4-14 广东未来绿色低碳产业集群重点工程

资料来源：《广东省培育发展未来绿色低碳产业集群行动计划》，广东省发展和改革委员会网站2024年2月20日。

重点围绕深远海风电、新型储能、氢能、光伏、核能、碳捕集利用与封存、天然气水合物、节能降碳等领域发展布局。

3. 广东推动未来产业发展的战略方向

当前，新一轮科技革命和产业变革加速演进，未来产业处于创新活力、辐射能力、综合实力大跨越的关键时期。广东未来产业应聚焦世界新产业、新技术发展前沿领域，立足全省技术和产业发展基础优势，实施五大未来产业集群行动计划，以创新为动力、以企业为主体、以场景为牵引，加强前瞻谋划、政策引导，抢占未来产业发展先机，争创国家未来产业先导区。

加速技术创新和产业化。 以国家级创新平台和实验室为抓手，着力突破关键核心技术，并在类脑智能、量子信息、基因技术、未来网络、深海空天开发和氢能与储能技术等未来产业的核心领域，建立前瞻性、战略性、系统性的基础研究项目，加强基础研究。推动跨领域技术交叉融合创新，加快颠覆性技术突破，打造原创技术策源地。构建科技服务和技术市场新模式，遴选科技成果评价和转移转化专业机构，开拓应用场景和商业模式。

高质量推进产业孵化培育。 依托产业链布局创新链，探索产学研协同攻关和产业链上下游联合攻关，加快形成"科学家+企业家"的未来产业成长模式；鼓励龙头企业布局未来产业前沿领域，培育一批未来产业"链主"企业，积极引导未来产业中的专精特新中小企业成长为国内领先的"小巨人"企业；通过"链主"企业、产业联盟等开展集成创新、应用创新，孵化培育具有广阔市场前景的未来产业整机产品、标杆企业，全面打造迭代创新型未来产业集群。

深化安全治理和对外开放。未来产业是新兴产业，需要大量的资金和人力资源的投入，其相应的管理模式也应不断创新，使其更灵活、适应产业发展需要。可引入底线管理的理念，在管控新领域的同时，确保技术的安全性和稳定性。例如，在人工智能领域，更加注重使用伦理问题和数据安全问题的管理，根据行业新特征，灵活处理各种复杂问题。依托"一带一路"等机制，深度参与全球未来产业分工，以直接引入未来产业核心要素的形式推动未来产业创新发展。

《 美国发展未来产业的实践探索 》

以"多元投资+组织创新"塑造未来产业全球竞争力。美国充分发挥政府投资作用，积极引导社会资本投入未来产业。一方面，美国重视通过大规模、长周期的政府投资支持未来产业。《美国就业计划》（2021年）安排投资1800亿美元支持研发未来技术，美国《芯片和科学法案》分别拨款810亿美元、679亿美元支持美国国家科学基金会和能源部在5年内组织未来产业基础研究。另一方面，美国积极引导社会资本、企业投资未来产业。美国以公私合作（PPP）模式设立国家生物制药创新研究所，引导非政府投资加速生物制药创新。此外，美国着力创新未来产业的研究组织架构，如创设以未来产业研究所为代表的跨学科、跨机构的新型研发机构，创设以国家半导体技术中心为代表的贯穿"研发—生产"全链条的新技术转化机构。

（五）硕果满枝头：促进数实深度融合

2016年4月19日，习近平总书记在网络安全和信息化工作座谈会上提出："着力推动互联网和实体经济深度融合发展，以信息流带动技术流、资金流、人才流、物资流，促进资源配置优化，促进全要素生产率提升。"[①]这是中央高层首次提出数字技术与实体经济融合发展。此后，党和政府不断强化数实融合发展。习近平总书记强调"促进数字技术和实体经济深度融合，赋能传统产业转型升级，催生新产业新业态新模式，不断做强做优做大我国数字经济"[②]，2024年1月在二十届中共中央政治局第十一次集体学习时指出"要大力发展数字经济，促进数字经济和实体经济深度融合，打造具有国际竞争力的数字产业集群"。数据作为新型生产要素，数字技术作为核心驱动力量，对传统生产方式变革具有重大影响。因此，数字经济与新质生产力具有天然契合性。从某种程度上说，数字经济时代的新质生产力就是以数

[①] 习近平：《在网络安全和信息化工作座谈会上的讲话》，人民出版社2016年版，第4—5页。

[②] 习近平：《不断做强做优做大我国数字经济》，《求是》2022年第2期。

字技术创新应用为主驱动力的"数字生产力"。大力发展数字经济，促进数字经济和实体经济深度融合，是发展新质生产力的题中应有之义。

1. 数实深度融合培育新质生产力的机理

习近平总书记指出："数字技术正以新理念、新业态、新模式全面融入人类经济、政治、文化、社会、生态文明建设各领域和全过程，给人类生产生活带来广泛而深刻的影响。"[①]数字技术已成为新一轮科技革命的主导技术，并赋予生产力新的内涵，形成基于新科技、新业态、新模式的新质生产力。数字经济和实体经济深度融合的过程，既是数字技术不断向实体经济的研发、生产、销售、流通环节渗透融合，创新生产方式和商业模式，重塑产业组织形态与制造流程，推动全要素生产率持续提升以及培育新业态新模式的过程，也是数字技术受特定需求场景拉动，不断迭代演进甚至萌生出适应性技术和相应产业部门的过程。

第一，数实深度融合下，数字技术内生嵌入产业链各环节。赋能提高关键流程的智能化、网络化、柔性化，推动研发、制造、营销、物流等核心环节的模式变革，特别是提升中端制造环节的附加值及产品质量，颠覆传统的微笑曲线，实现全产业链价值创造。

第二，数实深度融合下，大数据通过发挥开放融合的平台效应，推动消费者、生产者、供应商、合作伙伴等主体间的数据共

---

① 《习近平向2021年世界互联网大会乌镇峰会致贺信》，《人民日报》2021年9月27日。

享以及行业间的数据集成，形成产业链协同、服务化延伸等价值共创能力。促使线性价值链向柔性价值网络演变，进而重构制造业生态系统。

第三，数实深度融合培育新质生产力，提升制造业供给质量是以消费者需求为出发点展开的。通过激活价值传递、动态感知、实时分析等大数据属性，异质性消费者需求能够得到精准识别，使生产者快速匹配消费需求而创造价值。同时，消费者通过数据化参与，逆向融入研发、制造等价值创造环节，重塑生产者与消费者的关系，进而提高供给结构对需求结构的适应性。

2. 广东数实深度融合培育发展新质生产力的成效

（1）数字经济的"稳定器""加速器"作用凸显。

广东作为国家数字经济发展的试验田和排头兵，数字经济发

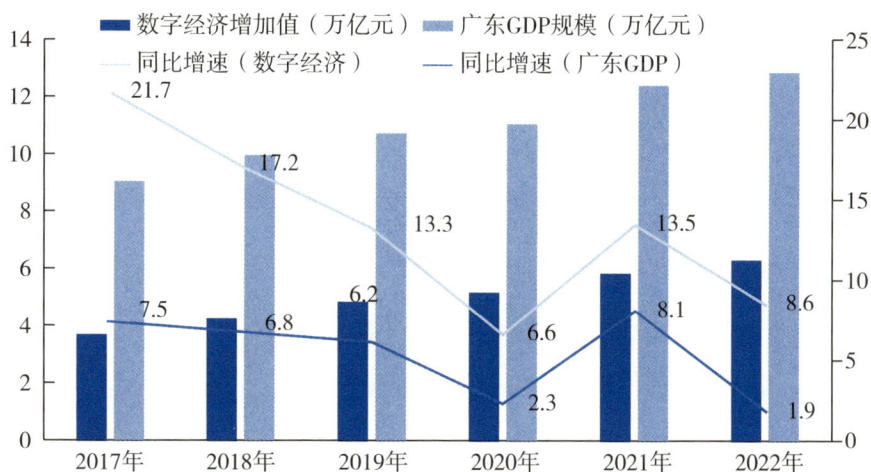

图4-15　广东数字经济增速连续6年超广东GDP同比增速

资料来源：根据广东省工业和信息化厅提供的资料整理。

数字经济规模占广东GDP比重 ■ 其他占广东GDP比重

图4-16 广东数字经济占全省GDP比重近6年持续提升

资料来源：根据广东省工业和信息化厅提供的资料整理。

展呈现较快增长势头。2022年广东数字经济增加值规模达6.41万亿元，同比增加8.6%，连续6年超广东GDP增速；数字经济规模占广东GDP比重为49.7%，比2017年提高了9.5个百分点，占比连续6年提升。

（2）数字技术创新平台支撑数字产业集群建设。

广东围绕"做大平台、做强产业、做优生态"，加快推进数字技术创新平台建设。实施省重点领域研发计划、对接国家重大科技任务布局，体系化开展攻克数字经济"卡脖子"技术，支撑新一代电子信息、软件与信息技术服务、智能机器人等数字产业集群高质量发展，构建良好数字产业生态。

人工智能是引领未来的新质生产力技术。广东加快建设智能算力设施，优化人工智能区域布局，培育形成优势产业集群，推动应用加速落地。2023年11月出台《广东省人民政府关于加快建设通用人工智能产业创新引领地的实施意见》，提出"打造通用人工智能算力生态"等22条意见，为大湾区通用人工智能产业发展保驾护航。此外，广东深度对接国家"东数西算"战略，推动国家算力总调度中心加快落地建设，加快建设鹏城实验室、人工智能与数字经济广东省实验室等各层级实验室，广州、深圳两家国家超级计算中心建设持续推进，加大对散裂中子源二期、鹏城云脑Ⅱ、横琴人工智能超算中心等数字基础设施的投入。人工智能应用加速落地，产业集聚效应显现。广东还形成了以华为、腾讯、大疆等龙头企业为引领，以云从科技、云天励飞、佳都科技等骨干企业为支撑的人工智能产业生态体系。腾讯、阿里、唯品会、小米、科大讯飞等数字经济领域的龙头企业，在琶洲算谷的核心片区落地生根、茁壮成长。

（3）数实深度融合形成新质生产力。

广东利用互联网新技术、新应用，对传统产业进行系统性改造，加速数字技术与产业场景的融合应用突破，成为增强产业韧性、激发经济活力的新引擎、新动能。针对产业数字化转型，广东陆续出台《广东省制造业数字化转型实施方案（2021—2025年）》《广东省发展新一代电子信息战略性支柱产业集群行动计划（2023—2025年）》等一揽子举措，从顶层设计层面持续优化政策环境。

广东以工业互联网示范区建设为抓手，以产业集群数字化转型为重点，培强育新跨行业、跨领域、特色型、专业型工业互联网平台，致力于打造有梯次的产业链赋能平台成长体系。代表全球制造业智能制造和数字化最高水平的"灯塔工厂"是"数字化制造"和"工业4.0"示范者。截至2023年12月，广东共8家企业入选"灯塔工厂"。其中，2023年12月新晋的广汽埃安智能生态工厂是全球唯一一家新能源汽车"灯塔工厂"，代表全球新能源汽车制造的智能化趋势。

表4-7　广东"灯塔工厂"名单（截至2023年12月）

工厂名称	行业	城市	批次	时间
富士康	电子设备	深圳	第二批	2019年1月
美的（广州）	家用电器	广州	第五批	2020年9月
美的（顺德）	家用电器	佛山	第六批	2021年3月
宝洁	消费品	广州	第八批	2022年3月
美的微波炉工厂	家用电器	佛山	第九批	2022年10月
工业富联	电子产品	深圳	第十批	2023年1月
纬创资通	电子产品	中山	第十批	2023年1月
广汽埃安广州工厂	新能源汽车	广州	第十一批	2023年12月

资料来源：根据广东省工业和信息化厅提供的资料整理。

《 "小单快返"模式让Shein风靡全球 》

　　总部位于广州的中国跨境电商企业Shein在海外市场广受欢迎，成为全球瞩目的快时尚品牌。Shein采取"小单快返"供应体系。该模式借助打磨完善的智能生产系统，能够以"周"甚至是以"天"为单位，根据趋势快速小批量生产服饰，满足海外用户的即时需求。如果出现爆款，便快速追加生产，即使产品滞销，订单规模小也不至于造成库存堆积。在这条产业链上，Shein通过数字化工具，打通原料、生产、销售的所有环节，高效协作，持续为供应商赋能，打造全数字化供应链条，实现与供应商的全天候协同，形成具有强竞争力的产业协作新模式。这套最初被Zara和H&M等欧洲快时尚品牌采用的"小单快返"供应体系，被Shein运用得炉火纯青。Shein以广州为据点，充分利用了广州的供应链网络优势，整合产业上下游原材料、生产制造、物流商各方资源，以其自主研发的数字化技术系统和工具，逐渐将供应商转向为更灵活和敏捷的柔性生产，提升了生产效率。这是Shein相较欧美品牌的优势，并且随着欧美快时尚品牌向中高端偏离而愈发巩固。

3. 广东数实深度融合培育发展新质生产力的战略思路

（1）加速产业集群工业互联数字化转型，增强广东制造匹配数字新质生产力的能力。

推动工业互联在制造业产业集群加快落地，加快实现数据驱动以销定产，促进广东制造产业链协同。一是加快开展产业集群数字化转型试点。围绕广东"双十"产业集群，分类分行业遴选出工业互联网的典型应用和解决方案，以专项资金进行扶持培育，打造工业互联网数字化转型标杆，形成引领示范效应。加快推动中小企业广泛运用工业互联网平台，普及应用公有云，推广大数据分析技术，降低企业信息化一次性投入成本。二是加快布局数字化公共服务设施建设。加快推进5G网络基础设施建设在工业园区全覆盖；通过财政奖补、"云""网"降费、安全评估等措施，分行业分阶段引导推动企业"上云上平台"，以企业"用平台"带动平台发展；尽快争取"犀牛智造"等新制造数字工厂在广东落地。三是加快筑牢人才支撑。加大智能制造、大数据分析等领域领军人才、工程师等人才的培育和支持力度；依托各类各行业头部企业围绕产业链上下游，共同打造工业互联网学院，培养行业工程师、技术工人和综合管理人才。

（2）加快基于数字经济的新消费生态体系发展，支撑广东数字新质生产力品牌建设。

顺应国内消费需求加速迭代的趋势，加快运用数字技术，以新业态新模式加快广货市场空间拓展和品牌竞争力提升。一是打造网络展会集群。整合广交会、高交会、中博会、加博会、珠海航展、海丝博览会等现有展会资源，运用5G、VR / AR、大数据等现代信息技术手段，加快推动"云展览"，开展"云展示""云对接""云洽谈""云签约"等业态创新。支持开展跨城市、跨区域办展合作，着力培育一批模式创新成效显著的在线展览龙头企业。二是打造全国直播电商发展高地。依托各地市制造业优势，支持发展直播电商、新零售、跨境电商、C2M数字工厂等新业态新模式。综合运用奖励、补贴、人才等扶持政策，吸引MCN（多频道网络）机构和头部、腰部主播集聚广东，支持工厂、专业市场、档口店上线直播常态化，推动隐形冠军、外贸代工企业从幕后走向台前，促进直播电商加速渗透下沉市场。推广白云大源村直播基地模式，规范完善淘宝村等日常运营，进一步优化广东电商生态体系。三是打造以城市IP为载体的长期线上运营阵地。发挥城市综合规模优势和品牌效应，结合阿里、京东、抖音、快手等头部流量平台供应链集成优势，总结佛山南海区与阿里巴巴合力打造"南海品牌"IP的创新合作模式，激活区域制造业扩容提质升级。

（3）持续优化软硬联通，强化数字新质生产力溢出效应。

统筹推进现代流通体系硬件和软件建设，多措并举疏通、稳定支撑内循环的血脉。一要继续夯实"硬联通"支撑。畅通"大动脉"，加快推进货、车（船、飞机）、场等物流要素数字化，积极推进国家物流枢纽综合信息服务平台建设，加快国家智能化仓储物流示范基地建设。加快推动辐射内陆地区、连通全球市场的多式联运枢纽体系深化发展。疏通"毛细血管"，改造升级关系居民日常生活的商贸流通设施，加大在医院、学校、写字楼、住宅区等物流配送集中区域智能快件箱的供给。以畅通农村物流配送体系助推农村电商数字化转型，打造开放共享的公共物流服务平台，推动质优价廉的工业品"上山下乡"，扶持"养在深山人未识"的产品上淘宝特价版等特色化平台，拓展广货发展新空间。二要持续优化流通"软环境"。进一步打破区域间产品和要素流动的藩篱，加快消除歧视性、隐蔽性的区域市场准入限制。加强对网络交易新业态的市场监管，清除相关法律空白地带；完善用户权益保护、重要产品追溯等机制。

五

绿色发展——新质生产力发展的鲜明底色

习近平总书记在主持二十届中共中央政治局第十一次集体学习时指出，"绿色发展是高质量发展的底色，新质生产力本身就是绿色生产力"①，为新时代新征程厚植绿色底蕴、加快发展新质生产力指明了方向、提供了遵循。广东将以"走在前列"的姿态全面推进生态文明建设，深入推进绿美广东生态建设，加快推动发展方式绿色低碳转型，让南粤大地天更蓝、地更绿、水更清，让发展"含绿量"和生态"含金量"同步提升，共同绘就岭南山川城乡绿美实景图。

---

① 《加快发展新质生产力　扎实推进高质量发展》，《人民日报》2024年2月2日。

（一）新质生产力本身就是绿色生产力

党的十八大以来，以习近平同志为核心的党中央把生态文明建设和生态环境保护作为关系中华民族永续发展的根本大计，开展了一系列根本性、开创性、长远性工作，决心之大、力度之大、成效之大前所未有，生态文明建设成就举世瞩目，美丽中国建设迈出重大步伐，形成了习近平生态文明思想。在2023年全国生态环境保护大会上，习近平总书记发表重要讲话，强调：要深入贯彻新时代中国特色社会主义生态文明思想，坚持以人民为中心，牢固树立和践行绿水青山就是金山银山的理念，把建设美丽中国摆在强国建设、民族复兴的突出位置，推动城乡人居环境明显改善、美丽中国建设取得显著成效，以高品质生态环境支撑高质量发展，加快推进人与自然和谐共生的现代化。①

习近平总书记深刻阐述了新征程上高品质生态环境和高质量发展的辩证统一关系，系统部署了全面推进美丽中国建设的战略任务和重大举措，丰富和发展了习近平生态文明思想，为进一步加强生态环境保护、推进生态文明建设提供了根本遵循。

在主持二十届中共中央政治局第十一次集体学习时，习近平

---

① 《全面推进美丽中国建设　加快推进人与自然和谐共生的现代化》，《人民日报》2023年7月19日。

总书记系统阐述了新质生产力，并指出：绿色发展是高质量发展的底色，新质生产力本身就是绿色生产力。必须加快发展方式绿色转型，助力碳达峰碳中和。牢固树立和践行绿水青山就是金山银山的理念，坚定不移走生态优先、绿色发展之路。①

"新质生产力本身就是绿色生产力"这一重要论断，深刻揭示了新质生产力与绿色生产力的内在联系，是习近平生态文明思想的进一步深化，是以高品质生态环境支撑高质量发展的关键。

新质生产力是实现人与自然和谐共生的绿色生产力。习近平总书记指出："保护生态环境就是保护生产力，改善生态环境就是发展生产力。"②绿水青山就是金山银山，生产力的培育和发展绝不能以牺牲环境为代价，而必须紧密依赖于和兼顾好良好的生态环境。保护生态环境的绿色底色、实现人与自然和谐共生是生产力发展的基本条件，是新质生产力释放绿色活力的生态基础。发展新质生产力必须保持加强生态环境保护的战略定力，坚持以高水平保护支撑高质量发展，坚定不移走生态优先、绿色发展之路，以推进美丽中国建设为载体，擘画人与自然和谐共生的现代化图景。

新质生产力是以绿色科技创新为驱动的绿色生产力。绿色科技创新和先进绿色技术是新一轮科技革命和产业变革中最富前景的发展领域之一，是推动经济高质量发展的重要着力点。新质

---

① 《加快发展新质生产力　扎实推进高质量发展》，《人民日报》2024年2月2日。
② 中共中央文献研究室编：《习近平关于社会主义生态文明建设论述摘编》，中央文献出版社2017年版，第23页。

生产力以创新为主导，绿色科技创新是其中重要部分。数字、绿色、智能技术的研发应用，不仅为企业工艺流程改进、效率提升提供了新空间，更为助力节能减污降碳、实现经济效益与环境效益双赢提供了全新路径。以绿色科技创新为动力培育发展新质生产力，为推动社会经济发展全面绿色转型、实现碳达峰碳中和目标提供科技支撑和不竭动能。

新质生产力是实现产业生态化和生态产业化的绿色生产力。高质量发展是体现新发展理念的发展，是绿色成为普遍形态的发展，必须走一条生产要素投入少、资源配置效率高、资源环境成本低、经济社会效益好的新增长路径。发展新质生产力通过推动产业数字化、智能化、绿色化、融合化转型，加快形成科技含量高、资源消耗低、环境污染少的产业结构，实现生产过程清洁化、资源利用循环化、能源消费低碳化、产品供给绿色化；通过做强绿色制造业，发展绿色服务业，壮大绿色能源产业，发展绿色低碳产业和供应链，构建绿色低碳循环经济体系，打造高效生态绿色产业集群，拓宽"绿水青山"和"金山银山"双向转化通道，助力实现生态优先、绿色低碳的高质量发展。推动新质生产力加快发展，必须守住绿色发展底线不动摇，筑牢产业生态化和生态产业化主阵地，让高质量发展的绿色底色更加鲜明。

（二）深入推进绿美广东生态建设

1. 绿美广东生态建设是广东生态文明建设的战略牵引

广东深入学习贯彻习近平生态文明思想，始终把生态文明建设摆在全局工作突出位置。深入推进绿美广东生态建设，是省委"1310"具体部署的重要内容。2023年全省生态环境保护大会暨绿美广东生态建设工作会议指出：绿美广东生态建设是广东生态文明建设的战略牵引，也是关系广东长远发展和民生福祉的重要工程。

"战略牵引"，点明了绿美广东生态建设的重要性，表明绿美广东生态建设是广东生态文明建设的总纲、总抓手、主动力、主方向，是广东的"省之要事"。要以绿美广东生态建设为发展绿色生产力的基础条件和战略指引，全力推动广东生态环境质量再上新台阶。

2. 推进绿美广东生态建设的主要成就

广东以绿美广东生态建设为牵引，高站位全力推进广东生态文明建设，推动落实美丽广东建设"1+1"纲领性文件制定，以绿化广东大行动、珠三角国家森林城市群建设、持续推进蓝天碧水净土三大保卫战等重大生态工程为抓手，生态环境质量改善取得突破性历史性成就，"广东蓝""广东绿"成为享誉全国的名片。

绿美广东家底更加殷实。广东绿色空间版图不断扩大，已打造193个绿美广东生态建设示范点，实现县级行政区域和省属国有林场全覆盖。2023年全省森林面积已达1.43亿亩，森林覆盖率达到53.03%，位居全国前列；全省完成林分优化提升203.65万亩，森林抚育提升205.57万亩，超额完成年度任务。全省红树林总面积约1.06万公顷，占全国红树林总面积的39.3%，位居全国第一。其中，湛江红树林国家级自然保护区是我国红树林面积最大、分布最集中的自然保护区。珠三角建成全国首个森林城市群，在全国率先启动森林小镇建设，全省21个地级以上市全部加入建设森林城市行列，29个县级城市加入了国家森林县城创建行列，14个地级市获得"国家森林城市"称号，数量居全国第一。全省已有深圳等33个市、县（区）荣获国家生态文明建设示范市、县（区）称号，江门开平等9个县（区）获评国家"绿水青山就是金山银山"实践创新基地，各项数量均居全国前列。

生态环境质量持续领跑先行。2023年，大气六项主要污染物浓度连续9年全面达标，环境空气质量在6个经济大省中继续保持第一，国家污染防治攻坚战成效考核连续3年获评"优秀"等次。2023年，全省AQI（空气质量指数）达标率94.8%，为"十四五"以来最好水平，改善幅度排名全国第二。2023年，珠江流域水质优良比例在全国七大流域中仅次于长江流域，地表水国考断面水质优良率92.6%，茅洲河、练江、广佛跨界河流等重污染流域水质大幅改善，县级以上饮用水水源水质达标率100%。珠江口海域水质优良面积比例77.8%，全省近岸海域水质

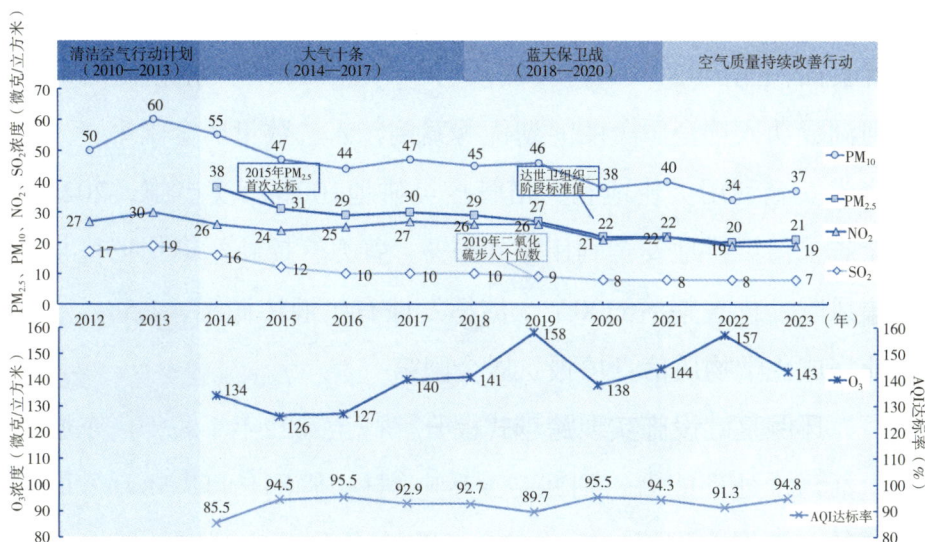

图5-1　2012—2023年广东省空气质量改善情况

数据来源：根据广东省生态环境厅提供的资料整理。其中，2012—2013年为标况数据，2014年及之后为实况数据。

图5-2　2012—2023年广东省国考、省控断面水质改善情况

数据来源：根据广东省生态环境厅提供的资料整理。其中，"十三五"期间国考断面为71个，"十四五"调整为149个。

优良面积比例92.3%。广州流溪河、河源万绿湖、东莞华阳湖3个河湖成功入选全国美丽河湖优秀案例，入选数量居全国第一。对全省安全利用类耕地和严格管控类耕地100%落实措施，2023年全省受污染耕地安全利用率超91%。着力管控新污染物环境与健康风险，排查整治6300余个涉挥发性有机液体储罐，1.58万家企业完成化学物质信息填报，居全国第一。

环保基础设施实现跨越式提升。 截至2022年年底，广东城市生活污水处理能力达到2997.9万吨／日，管网长度7.58万公里，连续多年居全国第一。2023年，广东危险废物利用处置能力达1270万吨／年，焚烧类危险废物处置价格降幅超50%，基本满足全省危险废物安全处理处置需求；2023年生活垃圾无害化处理能力达16.26万吨／日，十年来增长近40倍，历史性实现处理能力大于产生量，广州、深圳等10个地市基本实现原生生活垃圾"零填

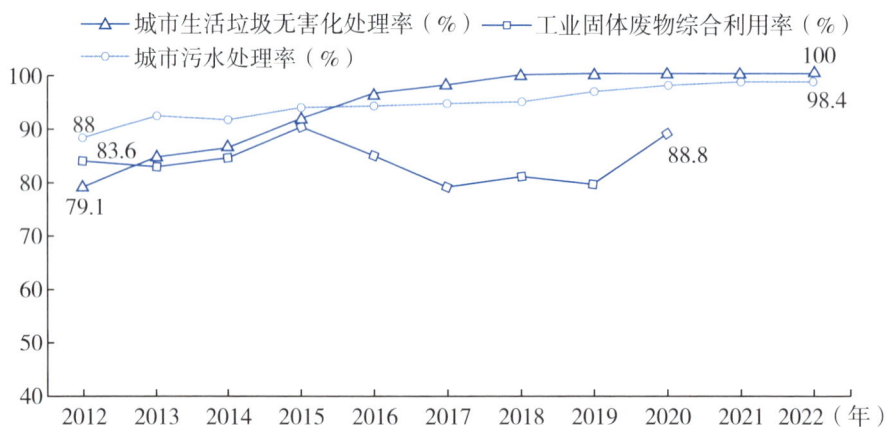

图5-3　2012—2022年广东环境建设指标

数据来源：根据《广东统计年鉴》整理。

理"。全省1123个乡镇基本实现生活污水处理设施全覆盖，农村生活污水治理率达64.7%，"村收集、镇转运、县处理"的生活垃圾收运处置体系覆盖所有行政村。

生态环境技术取得新突破。率先建成生态环境监测全链条监管平台，在全国率先开展颗粒物组分网、VOCs（挥发性有机物）成分谱监测网建设，"质谱VOCs走航监测"实现国内首创。华南区域空气质量预测预报中心、华南区域土壤样品制备流转中心与样品库、广东省危险废物鉴别实验室建成，建成全国首个"天地车人"移动源监管系统和首个油品质量全生命周期监管体系。自主研发和设计符合我国国情的垃圾焚烧炉与新一代焚烧技术，实现先进型垃圾焚烧技术和设备的国产化。研发电子废物高附加值绿色回收关键技术及装备，实现电子废弃物的高效回收利用。

全民参与绿化美化氛围更为浓厚。2023年出台全国首部生态环境教育地方性法规——《广东省生态环境教育条例》，为加强生态环境教育工作、提升全社会生态环境素养提供了法治保障。发展壮大环保社会组织和志愿服务力量，精心策划环境日、生态日、低碳日等系列宣传活动，持续开展生态环境教育"六进"活动，线上线下开展活动3800余场，参与人数超千万人次。

3. 推进绿美广东生态建设的战略方向

坚持因地制宜、各美其美、美美与共，大力推进绿美广东生态建设"六大行动"，落实精准治污、科学治污、依法治污方针，持续打好臭氧、机动车船、黑臭水体、近岸海域、农业农村等重点领域污染防治攻坚战，以绿美广东生态建设为牵引，扎实推进美丽中国广东实践，努力把广东打造成为践行习近平生态文明思想的示范区和窗口。

<< 绿美广东生态建设"六大行动" >>

2022年12月，广东省委十三届二次全会审议通过了《中共广东省委关于深入推进绿美广东生态建设的决定》，提出实施推进绿美广东生态建设的"六大行动"，包括：实施森林质量精准提升行动、实施城乡一体绿美提升行动、实施绿美保护地提升行动、实施绿色通道品质提升行动、实施古树名木保护提升行动、实施全民爱绿植绿护绿行动。

（1）夯实绿美广东生态基础。

建设高水平城乡一体化绿美环境。筑牢"三屏五江多廊道"生态安全格局，全域创建国家森林城市，携手港澳推进美丽湾区建设，全力打造生态环境优美的国际一流湾区。持续提升山边、水边、路边、镇村边、景区边绿化美化品质，推进优化绿道、碧道、古驿道等生态廊道森林景观建设，推动与邻近的古村落、森林公园、湿地公园、风景名胜区等串珠成链，加速林网、水网、路网"三网"融合，打造"林水相依、林路相拥、林居相嵌、林城相融"的高品质城乡绿美生态环境。

《 "三屏五江多廊道" 》

推进南岭生态屏障、粤港澳大湾区外围丘陵浅山生态屏障、蓝色海洋生态屏障保护修复，强化东江、西江、北江、韩江、鉴江等重要江河源头与骨干水系保护，构筑以重要水系、森林带和海岸带为主的生态廊道。

精准提升森林质量。优化提升南岭、莲花山、云开山等主要山脉的森林景观和生态质量，稳固国家生态安全屏障。持续改善林相，提升林分质量，集中连片打造功能多样的高质量林分和优美林相，推动森林资源增量、生态增效、景观增色，增强森林生态系统稳定性和碳汇能力，展现美丽山川勃勃生机。

持续深入打好污染防治攻坚战。提标提质打好蓝天保卫战，督促指导钢铁、水泥、玻璃、陶瓷、垃圾焚烧发电、炼油与化工企业实施超低排放改造，打好"车、油、路、港"协同治理和挥发性有机物深度治理组合拳，加强消耗臭氧层物质和氢氟碳化物管理。聚焦促进"人水和谐"，打好碧水保卫战，统筹水资源、水环境、水生态治理，加强珠三角水资源配置工程建设，提高优化配置功能，持续巩固国考断面治理成效，加强河湖生态保护修复，深入开展珠江口海域综合治理攻坚，以海湾为重点大力推进全省海域水质提升攻坚。强化固体废物和新污染物治理，强化危险废物规范化管理评估，全面禁止"洋垃圾"入境，全链条治理塑料污染，严格控制重金属污染物排放，高质量推进全省域"无废城市"建设。推进县域乡村环境治理，扎实推进农村厕所革命，有效治理农村生活污水、垃圾和黑臭水体，加快补齐污水收集和处理设施短板，加强农业养殖污染处理和废弃物资源化利用，为"百千万工程"蓄势赋能。

（2）优化绿美广东生态系统。

全方位保护古树名木。 建立健全古树名木分级管护制度，开展古树名木的资源监测调查，实施"一树一档"分级管护。推进重要古树名木视频监控和保护工程建设，对濒危古树名木及时抢救复壮，严格查处违法违规迁移、破坏古树名木行为，留住绿美广东乡愁记忆。

实施绿美保护地提升行动。 全力创建南岭国家公园、丹霞山国家公园，高标准建设华南国家植物园，打造彰显中国特色、世界一流、万物和谐的国家绿色名片。加强红树林保护修复，高水平建设深圳"国际红树林中心"，持续开展雷州半岛红树林湿地生态系统监测，建设万亩级红树林示范区，全面提升红树林等湿地生态系统质量和服务功能。

强化生态系统多样性、稳定性、持续性。 坚持山水林田湖草沙一体化保护和系统治理，开展"绿盾"自然保护地强化监督，重点加大森林、湿地、海洋生态系统保护力度。注重生物多样性保护，坚决守护生物多样性宝库，为野生动植物撑起"保护伞"，让万物生灵都有生存空间、栖身之所。贯彻落实核安全观，全链条加强生物安全风险防控，加强进境动植物检疫、外来入侵物种防控、有害生物防治，守牢绿美广东安全底线。

守护碧海蓝天。 坚持陆海统筹、山海共济，强化"六湾区一半岛五岛群"海洋空间格局，打造江门镇海湾、惠州考洲洋、茂名水东湾、湛江湾等一批美丽海湾典型示范区。以沿海林廊绿道、生态化海堤、滨海湿地、魅力沙滩、美丽海湾、活力人居海岸线为建设重点，打造山海相连、蓝绿交织的生态景观，建设通山达海、色彩多样的魅力绿美空间，加快构建从山顶到海洋的保护治理大格局。

《　"六湾区—半岛五岛群"海洋空间格局　》

推动大汕头、大红海、环大亚湾、环珠江口、大广海、大海陵六大湾区和雷州半岛的海洋资源整合，优化珠江口、大亚湾、川岛、粤东、粤西五大岛群功能布局，促进陆海协同发展。

（3）提升绿美广东生态品质。

推进生态环境领域科技自立自强。高水平推进粤港澳生态环境科学中心等科技创新平台建设，围绕减污降碳、应对气候变化、新污染物治理等重点领域持续开展关键核心技术攻关，形成具有示范引领性科技创新突破。加快推进"生态环境部卫星环境应用中心广东遥感应用基地"建设，健全天空地海一体化监测网络，构建全覆盖、精准化、前瞻性的生态环境监测监管体系。实施生态环境信息化工程，加强环境数据的采集、流通、集成、共享和综合开发利用，以数字技术赋能环境精准治理。

增强绿美广东生态建设综合效益。坚持生态兴产富民，加快发展海洋牧场、林下经济、生态旅游、森林康养等美丽经济，持续推进"粤字号"农产品品牌建设，向森林、海洋要食物、要蛋白。全面落实林长制，稳步推进集体林权制度改革，健全自然保护地生态补偿制度，探索建立天然林生态补偿制度，发挥森林固碳储碳作用。加大力度推动EOD模式试点工作，走出一条新时代"绿水青山就是金山银山"的广东路径，让生态优势源源不断转化为产业发展优势。

« EOD模式 »

生态环境导向的开发模式（Eco-environment Oriented Development，EOD），是以生态保护和环境治理为基础，以特色产业运营为支撑，以区域综合开发为载体，采取产业链延伸、联合经营、组合开发等方式，推动公益性较强、收益性差的生态环境治理项目与收益较好的关联产业有效融合，将生态环境治理带来的经济价值内部化，是一种创新性项目组织实施方式。

开展绿美广东生态建设全民行动。深入宣传习近平生态文明思想，策划实施"绿美广东竞风华"主题宣传活动，普及绿色发展科学知识，持续加强以绿养心。唱响"我为广东种棵树"的主旋律，推进生态环境志愿服务体系建设，实施全民爱绿植绿护绿行动，切实提高绿美广东生态建设全民参与度，推动大地植绿、心中播绿、全民享绿成为时代新风尚。

大力倡导绿色健康生活方式。践行绿色消费理念和绿色低碳生活方式，持续推进"光盘行动"，鼓励绿色出行，提升垃圾分类管理水平，加快形成全民生态自觉，促进全社会形成简约适度、绿色低碳、文明健康的生活新风尚，加快建设资源节约型社会和环境友好型社会。

（三）加快推动发展方式绿色低碳转型

1. 绿色低碳发展是解决生态环境问题的治本之策

绿色低碳发展是对新发展理念的坚守，是实现高质量发展和高水平保护协同共进的发展方式。

在二十届中共中央政治局第十一次集体学习时，习近平总书记对推进绿色转型发展绿色生产力做了具体的战略部署，强调："必须加快发展方式绿色转型，助力碳达峰碳中和……做强绿色制造业，发展绿色服务业，壮大绿色能源产业，发展绿色低碳产业和供应链，构建绿色低碳循环经济体系。持续优化支持绿色低碳发展的经济政策工具箱，发挥绿色金融的牵引作用，打造高效生态绿色产业集群。"[①]

加快发展绿色生产力，实现绿色低碳发展是处理好高质量发展和高水平保护关系的核心。推动发展方式绿色低碳转型，着力构建绿色低碳循环经济体系，将有效降低发展的资源环境代价，持续增强绿色发展新动能、新优势，厚植高质量发展的绿色底色。

---

① 《加快发展新质生产力　扎实推进高质量发展》，《人民日报》2024年2月2日。

2. 广东推进绿色低碳发展的主要成就

广东坚定不移走生态优先、绿色发展道路，组织实施系列推动服务高质量发展、推进制造业绿色低碳转型的生态环境政策举措，协同推进降碳、减污、扩绿、增长，经济社会发展与生态环境保护逐步迈向和谐共融。

绿色制造全面推行。广东先后出台绿色石化、新能源、安全应急与环保等20个战略性产业集群行动计划，产业绿色低碳转型进程加速。2023年，推动1270家工业企业实施清洁生产审核，累计创建国家级绿色工厂400家、绿色工业园区11家、绿色供应链管理企业80家，绿色制造示范单位数量稳居全国首位。

《 广东清洁生产实施情况 》

清洁生产是贯彻绿色发展理念，推进生态优先、节约集约、绿色低碳发展的重要手段。2021—2023年，广东省完成评估验收的强制性清洁生产企业数量分别为1019家、1150家、770家。以2023年广东省强制性清洁生产企业清洁生产水平变化情况为例，开展清洁生产审核后，未达国内清洁生产基本水平（Ⅲ级）企业数量为零，有611家企业达到国内清洁生产基本水平（Ⅲ级），151家企业达到国内清洁生产先进水平（Ⅱ级），5家企业为国际清洁生产领先水平（Ⅰ级），清洁生产水平不断提高。

绿色产业蓬勃发展。大力发展绿色交通，2023年新增汽车中新能源车占比提升至37.5%，全省公交车电动化率达98%以上，珠三角地区达100%，在全国率先实现内河港口岸电省级全覆盖，绿色交通结构持续优化。推进环保产业高质量发展，环保产业营业收入、环保企业上市数量从2019年到2022年连续四年居全国第一。其中，2022年，广东省列入统计范围的年营业收入超亿元的环保企业共236家；上市环保企业及新三板环保企业共70家，占全国上市环保企业及新三板环保企业总数的15.9%。

表5-1　2019—2022年广东环保业务营收情况

	2019年	2020年	2021年	2022年
广东环保业务营收（亿元）	1246.6	1598.6	1933.3	2099.4
全国排名	第一	第一	第一	第一

数据来源：据中国环境保护产业协会调查数据整理。

能源结构逐步迈向清洁化。实施"控煤、减油、增气、增非化石能源、输清洁电"的核心策略，推进"煤改气""油改气"，抓好天然气管道、沿海LNG（液化天然气）接收站建设。2022年全省一次能源消费结构中，煤炭、石油、天然气、一次电力及其他能源的比重分别为33.5%、26.2%、11.3%和29.0%，非化石能源消费比重为30.3%，较2010年提高16.3个百分点。2023年，广东海上风电装机规模突破1000万千瓦大关，每年可发电约300亿千瓦时，每年发电量等效节省标煤约870万吨，减少二氧化碳排放量约2314万吨。

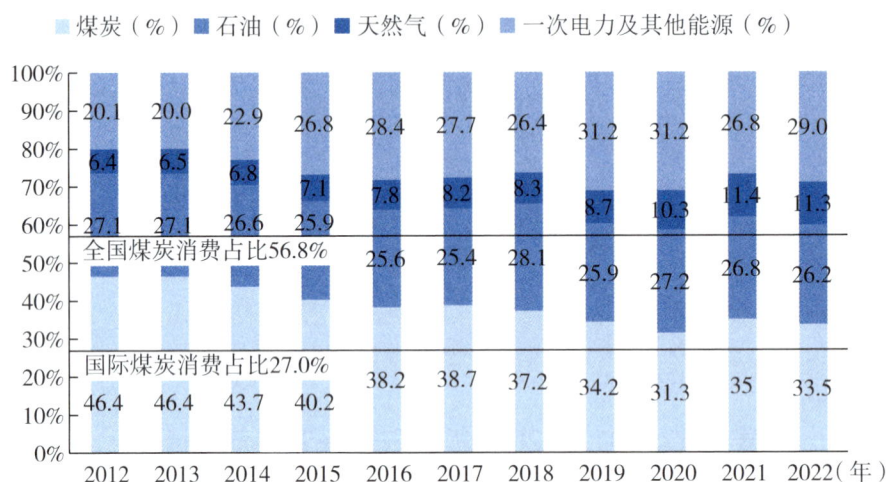

图5-4　2012—2022年广东省一次能源消费结构变化

数据来源：根据《广东统计年鉴》整理。

能源利用效率持续提升。全省能耗、水耗强度持续下降，全面完成10万千瓦及以上燃煤电厂超低排放和节能改造，2022年，全省能源消费总量、用水总量为3.65亿吨标准煤和401.7亿立方米，单位GDP能耗、水耗分别比2012年下降36.7%和58.5%，均处于全国领先水平，绿色发展动能更足。

碳减排成效显著。印发实施《广东省减污降碳协同增效实施方案》《广东省碳达峰实施方案》《广东省碳交易支持碳达峰碳中和实施方案（2023—2030年）》，强化碳强度目标完成情况预测预警。进一步扩大广东碳交易控排行业范围，将数据中心、陶瓷、港口行业纳入碳排放控排行业，允许纺织、机场行业企业自愿纳入碳市场，截至2023年年底全省碳市场控排企业累计减排5600余万吨，全省碳排放配额累计成交量2.24亿吨，累计成交金额63.68亿元，均居全国区域碳市场首位，是全球第四大碳交易市场。

3. 广东推进绿色低碳发展的战略方向

站在绿色低碳发展的新起点，广东将筑牢产业生态化和生态产业化主阵地，扎实推进全产业的绿色转型，培育壮大绿色低碳环保产业，激发绿色经济潜能，打造绿色增长新引擎，实现经济增长与生态环境保护双赢。

（1）以积极稳妥推进碳达峰碳中和为"航向标"。

开展多领域多层次减污降碳协同创新试点。开展减污降碳突出贡献企业推荐工作，进一步完善碳普惠公众参与机制，拓展碳普惠涉及领域。指导广州市南沙区、深圳市龙华区开展减污降碳协同增效试点工作，加快广州南沙、深圳福田国家气候投融资试点建设。

打好政策、市场、金融促进绿色低碳发展的"组合拳"。进一步推进碳市场体制机制创新，丰富交易品种和方式，建成更加有效、更有活力、更具国际影响力的碳市场。发挥绿色金融的牵引作用，加快推进碳配额线上抵质押融资工具和"碳账户+碳信用+碳融资"等新型金融产品的落地使用。完善财税、金融、投资、价格及标准体系，持续优化经济政策工具箱，加快构建环保信用监管体系，积极发展绿色低碳供应链。

（2）以全产业绿色转型为"加速器"。

大力推动制造业绿色化改造。积极稳妥推动钢铁、石化、有色、建材、造纸等重点行业节能降碳，推进传统产业环保工艺、技术、装备、产品升级，实现产业数字化、智能化同绿色化深度融合。深入实施绿色制造工程，创建一批绿色工厂、绿色园区、绿色供应链,加大绿色产品供给,完善绿色制造标准和服务体系。实施清洁生产水平提升工程,将其作为推动重点行业绿色低碳转型升级、实现污染物减排的重要抓手,强化产品设计、制造、物流、使用、回收利用等全生命周期绿色低碳转型管理,培育一批"粤港清洁生产伙伴"标志企业。

率先形成绿色低碳交通运输方式。大力推进"公转铁""公转水",推进铁路场站、民用机场、港口码头、物流园区等绿色化改造和铁路电气化改造,加快推进中重型货车、内部作业车辆和机械实施新能源更新改造。到2027年,新增汽车中新能源汽车占比力争达到45%,提升清洁化运输水平。

推动资源能源节约集约和循环利用。实施全面节约战略,开展工业节能监察,推动重点耗能行业开展能效对标,重点控制煤炭等化石能源消费。加强煤炭清洁高效利用,推进能源梯级利用,推动工业余压余热、废水废气废液资源化利用,实现节能、节水、节地、节材、节矿目标。开展资源综合利用提质增效行动,推动一般工业固体废物资源综合利用项目建设,加大新能源汽车废旧动力蓄电池综合利用工作力度。提升重点用水行业、产品用水效率,强化用水总量和强度双控,积极推动污水资源化利用。

(3)以打造高效绿色产业集群为"增长极"。

拓展绿色环保产业优势。布局发展一批"低碳零碳负碳"新材料、新技术、新装备等产业项目,大力推动废弃物循环利用产业和再制造产业发展,促进废旧风机叶片、光伏组件、动力电池、快递包装等废弃物循环利用,加快构建废弃物循环利用体系。推动再生资源综合利用行业规范发展，支持先进环保装备制造业基地集聚区建设，构建绿色低碳循环经济体系。

壮大绿色能源产业。实施"绿电倍增"工程，加快构建新型电力系统。抢抓氢能、甲醇、海上风电、新型储能产业发展战略机遇，加大绿色能源关键核心技术和装备研发，加快完善绿色能源供应体系，积极拓展石油化工园区、港口码头、城市轨道交通等应用转化场景，着力壮大新能源产业规模和实力，加快建设清洁能源强省。协调推进太平岭核电厂二期、茂名东华能源等新建核能项目，构建清洁低碳安全高效的能源体系。

打造绿色低碳产业园区。严把准入关口，坚决遏制高耗能、高排放、低水平项目入驻园区，大力发展绿色低碳产业，壮大绿色石化产业，高标准规划建设省级化工园区，推动园区产业结构优化升级。引导园区企业广泛应用绿色低碳新技术、新工艺、新材料、新设备，加快绿色新能源利用、清洁生产、资源综合循环利用等绿色科技创新和先进绿色技术示范应用，构建高效、清洁、低碳、循环的绿色制造体系，打造更多"低碳零碳负碳"试点产业园区。

六

开放平台——新质生产力发展的广阔空间

习近平总书记在主持二十届中共中央政治局第十一次集体学习时指出，要"扩大高水平对外开放，为发展新质生产力营造良好国际环境"①。当前世界新一轮科技革命和产业变革深入发展，同我国转向创新驱动、走向高质量发展历史性交汇，我们必须以更高水平的开放链接世界，集聚全球创新要素，嵌入全球创新网络，进而突破颠覆性技术和前沿技术，抢抓战略性先导性产业，推动新质生产力快速形成发展，在新一轮国际竞争中抢占制高点塑造新优势。

_____

① 《加快发展新质生产力 扎实推进高质量发展》，《人民日报》2024年2月2日。

（一）高水平对外开放与新质生产力发展良性互促

习近平总书记指出："不断扩大对外开放、提高对外开放水平，以开放促改革、促发展，是我国发展不断取得新成就的重要法宝。"①当前世界新一轮科技革命和产业变革深入发展，同我国转向创新驱动、走向高质量发展历史性交汇，要求我们必须推进高水平对外开放，链接集聚全球创新要素，深度嵌入全球创新网络，促进新质生产力加快发展。

1. 对外开放是推动新质生产力发展的重要引擎

对外开放通过集聚要素资源、拓展市场空间、推动产业转型、创新体制机制等方式，对新质生产力发展发挥重要推动作用。

对外开放促进资源自由流动整合，为新质生产力发展提供要素保障。新质生产力的形成过程要求充分整合科技创新资源和现有产业基础，离不开劳动力、资本、土地、知识、技术、管理、数据等各种要素资源的支撑，对外开放能够有效链接全球资源、优化要素配置，为新质生产力发展提供源源不断的动力。新质生产力的形成是要素质量提升和资源配置效率改善的过程，对外开放能促进全球要素资源自由流动，并进一步加强网络化共享、系

---

① 《以高水平对外开放拓展中国式现代化发展空间》，新华网2023年9月18日。

统化整合、协作化开发，通过要素的高效协同，大幅提升资源配置效率和全要素生产率，促进新质生产力快速形成发展。

对外开放打破区域局限性，为新质生产力发展提供广阔市场。新质生产力催生新产业、新技术、新产品和新业态，需要庞大的消费市场支撑产业化发展。对外开放能打破区域局限性，推动贸易和投资自由化便利化，支持新质生产力融入全球市场，获取广阔发展空间。同时根据国际市场需求和竞争态势，持续开展技术创新，不断调整优化产品和服务，进一步推动新质生产力可持续发展。

对外开放促进我国产业链嵌入全球价值链，为新质生产力发展提供强劲动力。新质生产力的主要载体和具体体现是战略性新兴产业和未来产业，其发展需要产业链上下游的协同配合和整体升级。对外开放有利于推动我国战略性新兴产业和未来产业嵌入全球价值链，与国际产业链对接融合，不断延伸拓展，向高附加值环节不断攀升，提升产业链的整体水平和竞争力。伴随着产业转型升级，推动新质生产力向高端化、智能化、绿色化方向不断跃迁。

高水平对外开放深化体制机制改革，为新质生产力发展提供制度保障。高水平对外开放是一种制度型的开放，涉及规则、规制、管理、标准等多个层面的全方位顶层设计，为新质生产力的发展创造有利环境。高水平对外开放通过深层次的经济体制和机制改革，构建与国际接轨的制度体系，建立更加透明、公平的市场规则，促进要素资源的自由流动和高效配置，同时进一步优化营商环境，激发企业主体创新活力，促进新质生产力的快速发展。

<< **高水平对外开放** >>

　　随着我国经济进入以推动高质量发展为主题的新发展阶段，对对外开放也提出了新的更高要求。习近平总书记在党的二十大报告中指出，要推进高水平对外开放，稳步扩大规则、规制、管理、标准等制度型开放。[①]相比于产品型开放或者要素型开放，"制度型开放"是更深层次的开放，制度开放要与国内国际双循环相互促进的新发展格局结合起来。我们要以对内制度改革带动对外制度开放，以对外制度开放倒逼国内制度创新。即对内要破除制度约束、促进央地协同与区域协同，对外要加强国际规则协调、争取制度建立的主导权。

　　推进高水平对外开放，能够吸引全球创新成果落地生根，引导全球先进优质要素资源来华流转，推动各类创新要素在更大范围内加速流动、畅通循环，提升产业链的整体水平和竞争力，不断拓展科技创新和经济活动的深度广度，为新质生产力的蓬勃发展创造有利条件。

　　随着区域合作与全球化发展，各国经济联系日益紧密，相互依存度不断提高，开放合作创新愈发重要，不仅是新质生产力形成的重要推动力，更是新质生产力持续发展的关键因素。在新发展格局下，充分发挥国内国际两个市场两种资源联动效应，对外

---

　　① 《高举中国特色社会主义伟大旗帜　为全面建设社会主义现代化国家而团结奋斗》，《人民日报》2022年10月26日。

开放对新质生产力的引擎作用更为凸显。扩大高水平对外开放，通过国内与国际的资源互动、要素配置，增强国内国际两个市场两种资源联动效应，促进国内国际双循环。国内国际双循环相互促进，发挥强大内需市场潜力，以国内大循环吸引全球资源要素，以国际循环提升国内大循环效率和水平，充分利用国内国际两个市场两种资源，加速产业转型升级和技术创新，加快新质生产力发展。新质生产力的发展进一步提升国内市场的竞争力和吸引力，促进国内循环的畅通和高效。

2. 新质生产力是实现高水平对外开放的重要因素

新质生产力不仅代表我国经济发展的新动力和新方向，更是推动对外开放向更高层次、更宽领域迈进的重要因素。

新质生产力的发展有利于对外开放的制度创新。生产力的新变化、新特征要求在对外开放的过程中，要不断适应新形势、解决新问题，进而推动体制机制的改革与创新。新质生产力的发展往往伴随着新经济模式和新业态的出现，为适应新的发展需求，要求我们打破传统的管理模式和制度束缚，建立更加灵活、高效的开放机制，以适应新质生产力快速发展的需求。

新质生产力的发展有助于增强国际竞争力。新质生产力创新产品和服务，通过高端化、智能化、绿色化的产品和服务，大幅提升我国在全球市场的竞争力水平。新质生产力赋能产业转型升级，推动我国在全球产业链和价值链中的地位逐步攀升，为我国在对外开放中争取更多的话语权和主动权提供了有力支撑。国际竞争力的提升又进一步促进外资和技术的吸收引进，为我国企业在国际市场上拓展业务提供了更多机会。

新质生产力的发展有助于拓展对外开放的广度和深度。新质生产力催生新业态、新模式，这要求我国在对外开放中不断拓展新的领域和空间，积极参与全球贸易和投资合作。同时，有利于我国与世界深度融合，积极参与全球治理，加强与其他国家的合作与交流，构建开放型世界经济和人类命运共同体，提升我国在全球治理体系中的话语权和影响力。

《 构建人类命运共同体 》

党的二十大报告指出，"构建人类命运共同体是世界各国人民前途所在"[①]。党的十八大以来，习近平总书记深刻把握人类社会发展规律，提出了构建人类命运共同体的重大倡议。习近平总书记强调，"我们要坚持共商共建共享的全球治理观，不断改革完善全球治理体系，推动各国携手建设人类命运共同体"[②]，"推动共建'一带一路'高质量发展"[③]，"中国提出了全球发展倡议、全球安全倡议，愿同国际社会一道努力落实"[④]。这些重要论

① 《高举中国特色社会主义伟大旗帜　为全面建设社会主义现代化国家而团结奋斗》，人民出版社2022年版，第62页。

② 《推动各国携手建设人类命运共同体（钟声）》，《人民日报》2018年6月19日。

③ 《高举中国特色社会主义伟大旗帜　为全面建设社会主义现代化国家而团结奋斗》，人民出版社2022年版，第33页。

④ 《高举中国特色社会主义伟大旗帜　为全面建设社会主义现代化国家而团结奋斗》，人民出版社2022年版，第62页。

述深刻回答了"建设一个什么样的世界，如何建设这个世界"等关乎人类前途命运的重大课题，得到国际社会高度评价和热烈响应。这要求我们不断以中国新发展为世界提供新机遇，巩固拓展全球经贸伙伴关系，开创合作共赢新局面。

（二）广东是对外开放的重要窗口和前沿阵地

广东省高质量发展大会强调："要坚持以开放促改革、促创新，在更广阔的空间布局产业科技创新，在开放合作中提升科技自立自强能力。"高水平对外开放是经济繁荣发展的重要动力，也是新质生产力重塑全球创新版图和经济格局的重要环节。坚持市场在资源配置中的决定性作用，稳步扩大规则、规制、管理标准等制度型开放，积极营造市场化、法治化、国际化的一流营商环境，打造多元化布局、国际化发展的产业发展模式，在对外开放中壮大新质生产力。

1. 广东对外开放取得显著成效

广东充分发挥毗邻港澳、华侨众多的独特优势，积极引进外资，大力发展加工制造业，有力稳住外贸外资基本盘，推动高水平对外开放不断取得新突破，改革开放迈上历史性新台阶。

外贸规模持续扩大，进出口总额在全国保持领先地位。出台《促进外贸稳定增长若干措施》等政策，外贸展现出较强韧性和活力，保持全国外贸第一大省地位。2023年，广东全年货物进出口总额达83040.7亿元，其中，出口54386.5亿元，进口28654.2亿元。2023年，广东对共建"一带一路"国家进出口30403.5亿元。

贸易结构不断优化，跨境电商等新业态蓬勃发展。跨境电商综合试验区数量居全国第一，实现21个地市全覆盖，2023年跨境电商进出口总额突破8000亿元。广交会全面恢复线下举办，2023年出口成交额达440亿美元，展览总面积和参展企业数量均创历史新高。新能源汽车、无人机等出口量年均增速均超过两位数，出口商品结构不断升级优化。

外资吸引力不断增强，规模质量稳步增长。新设外商直接投资企业数量不断增加，实际使用外资金额也保持稳定增长，2023年，广东经备案境外新增直接投资额238.32亿美元，同比增长8.0%。规模保持平稳，质量加快提升，广东积极引进了一批世界500强企业和跨国公司，这些企业在广东设立了研发中心、生产基地等，积极引进外资投向"新""智""高"领域。

外贸主体活力强劲，民营企业成为第一大外贸主体。在外贸领域，民营企业已经占据了主导地位，通过自主创新、品牌建设、市场拓展等方式，不断提升自身的竞争力，成为推动广东外贸发展的重要力量。2023年新设外商直接投资企业21686个，实际使用外资金额1591.64亿元。其中，"一带一路"共建国家投资新设企业5055家，增长134.6%，实际投资金额230.19亿元，增长181.2%。

积极推进开放型经济新体制建设，打造高水平对外开放平台。以综合保税区为主的海关特殊监管区域发展动力足、潜力大，以不到全省万分之二的面积，创造出超过全省十分之一的进出口规模。同时，广东高标准推进自贸试验区建设，打造高水平对外开放门户枢纽，建设世界级贸易链接平台，各项引资指标保持全国自贸试验区前列。2023年，广东自贸试验区外贸进出口总额5799.5亿元，同比增长5.1%。实际利用外资41.9亿美元，以全省万分之六的面积吸引了全省外资总额的五分之一。

《 "新三样" 》

　　电动载人汽车（新能源汽车）、锂电池、太阳能电池被称为我国外贸"新三样"。海关总署统计数据显示，2023年，我国出口机电产品13.92万亿元，增长2.9%，占出口总值的58.6%。其中，电动载人汽车、锂电池和太阳能电池等"新三样"产品合计出口1.06万亿元，比上年增长29.9%，高于整个出口增速29.3个百分点，更是推动中国稳居全球汽车制造和太阳能装机容量第一大国，令世人对"中国制造"刮目相看。

---

2. 推进高水平对外开放的主要做法

畅通国内国际双循环。对内强化大湾区与京津冀、长三角、海南自由贸易港等区域重大战略的联动发展，不断密切经济联系；对外构建适应逆风逆水的外部环境的对外经贸体系，发挥港澳"超级联系人"作用，巩固"引进来"优势，塑造"走出去"优势。

稳步扩大制度型开放。稳步推进由商品和要素流动型开放向规则、规制、管理、标准等制度型开放拓展，充分发挥广交会等国家级展会平台作用，联动港澳开拓国际市场、参与全球竞争，加快构建国际合作和竞争新优势，为新质生产力的发展壮大创造良好的环境。

建设好重大合作平台。锚定"五大战略定位"和"五个率先"重点任务推进深圳先行示范区建设，充分发挥横琴、前海、南沙、河套等重大合作平台作为深化改革扩大开放的前沿阵地和试验平台作用，"以点带面"引领粤港澳全面合作向纵深推进，促进港澳更好融入国家发展大局。

深入推进全方位互联互通。发挥香港—深圳、广州—佛山、澳门—珠海极点带动作用，强化基础设施、规则机制、青年交流、民生融合等方面互联互通，加快建设大湾区"1小时交通圈"，推动就业、教育、医疗、社保等民生领域合作不断取得新突破，进一步提升粤港澳三地要素流动与公共服务便利化水平。

《 **国内率先探索试点商事登记确认制改革** 》

商事登记确认制改革，是指依法调整商事登记职权类型，将商事登记由行政许可事项改为行政确认事项。市场监管部门（登记机关）根据申请，登记市场主体相关信息、确认其主体资格和一般经营资格、发放营业执照并予以公示。通过确认制改革，构建以实名认证为支撑、以失信拦截为前提、以自主申报为核心、以强制出清为保障的市场准入新模式，推进政府管理理念和模式转变，营造稳定公平透明、可预期的营商环境。2017年7月，南沙自贸片区在国内率先提出启动探索商事登记确认制改革，对不涉及负面清单、前置许可的一般企业的设立实施商事登记确认制；同年10月，依托广州市"人工智能+机器人"全程电子化商事登记系统，实现企业营业执照办理从"人工核准"向"无人审批、智能确认"转变。2019年3月，在总结前期探索实践基础上，南沙自贸片区管委会出台《中国（广东）自由贸易试验区广州南沙新区片区商事登记确认制管理办法（试行）》，共分七章四十条，进一步完善改革顶层设计，规范商事登记确认行为，建立健全配套监管措施，将改革范围逐步拓展至南沙区全部商事主体类型及线下业务。

商事登记确认制改革有效激发企业投资创业活力。2019年，南沙区新增企业45523户，同比增长22.3%，通过加强承诺信息公示，扩大社会监督，促进诚信建设。改革试点以来，企业名称自主申报通过率达98.5%，全程电子化商事登记首次申请通过率超过90%，登记人员日均业务办理量提升超过30%。

3. 进一步推进高水平对外开放的战略方向

以制度型开放引领高水平对外开放。着力开展投资、贸易、金融等领域首创性、差异性、系统性改革创新，推进制度型开放取得新成效。积极提升贸易投资自由化便利化水平，研究和对接RCEP、CPTPP和DEPA等国际高标准经贸规则，深化制度改革。对标RCEP框架下的技术标准和规范，以法治化、制度化营商环境提高对外经贸政策的透明度与稳定性，促进新质生产力高质量发展。

《 R C E P 》

《区域全面经济伙伴关系协定》（Regional Comprehensive Economic Partnership, RCEP），是全球最大的自贸区协定，旨在促进贸易和投资自由化、消除贸易壁垒、加强经济合作和规则制定。RCEP包括东盟十国（文莱、柬埔寨、印尼、老挝、马来西亚、缅甸、菲律宾、新加坡、泰国和越南），以及中国、日本、韩国、澳大利亚和新西兰，共十五国。RCEP自贸区的建成，是我国在习近平新时代中国特色社会主义思想指引下实施自由贸易区战略取得的重大进展，将为我国在新时期构建开放型经济新体制，形成以国内大循环为主体、国内国际双循环相互促进的新发展格局提供巨大助力。RCEP签署对我国的重要意义主要有：

更大的贸易机遇。RCEP为中国提供更广阔的市场准入机会，进一步促进了贸易自由化和投资便利化。作为世界上最大的贸易协定之一，RCEP涵盖了约30%的全球人口和约30%的全球GDP，参与国家包括东盟十国、中国、日本、韩国、澳大利亚、新西兰等15个国家。这将为中国企业提供更大的贸易机遇和市场需求，加速中国产品和服务的国际化进程。

更大的经济发展空间。RCEP的签署进一步巩固了中国在亚太地区的经济影响力。中国作为RCEP中最大的经济体，对于区域经济一体化和贸易自由化的推动起到了关键作用。通过与周边国家的经济合作，中国将进一步加强与亚太地区国家的经贸关系，提高亚太地区贸易便利化水平，促进地区经济繁荣。

推动产业结构优化升级。RCEP的签署推动中国经济结构调整和产业升级。RCEP将促进区域内贸易和投资的自由化，加强供应链和价值链的连接，进一步推动产业升级和技术创新，提高企业竞争力，推动产业链向高附加值和创新驱动型转型升级。

增强国际话语权和影响力。作为RCEP的重要成员之一，中国参与对贸易规则、市场准入、知识产权保护等方面的协商和制定，争取更多的话语权和影响力。

« **CPTPP和DEPA** »

CPTPP——《全面与进步跨太平洋伙伴关系协定》（Comprehensive and Progressive Agreement for Trans-Pacific Partnership），是亚太国家组成的自由贸易区。2021年9月16日，我国正式提出申请加入《全面与进步跨太平洋伙伴关系协定》。

DEPA——《数字经济伙伴关系协定》（Digital Economy Partnership Agreement）由新加坡、智利、新西兰三国于2020年6月12日线上签署，是旨在加强三国间数字贸易合作并建立相关规范的数字贸易协定。我国参与绿色低碳、数字经济等国际合作，正积极推进加入《数字经济伙伴关系协定》。

大力拓展深挖经贸新内涵、新模式。紧抓国际经贸发展新形态、新趋势，赢得服务贸易、数字贸易等领域的竞争力、话语权。在CPTPP、DEPA服务贸易新规则的对接性研究和探索性实践上取得新突破。抢抓数字贸易、绿色贸易新机遇，夯实做优服务贸易、数字贸易、绿色贸易新动能，以高水平贸易规则对接推动新兴贸易领域发展迈上更高水平，通过高水平制度开放助力新质生产力发展。

（三）粤港澳大湾区是推进高水平对外开放的重要平台

创新是湾区经济的魅力所在，科技创新力量是粤港澳大湾区新质生产力发展的重要依靠。通过深入实施创新驱动发展战略，推进粤港澳大湾区国际科技创新中心和综合性国家科学中心建设，大湾区作为我国推进高水平对外开放的门户枢纽，成为以对外开放促创新合作的重要平台。

1. 粤港澳大湾区在全国新发展格局中具有重要战略地位

习近平总书记在广东考察时强调，"粤港澳大湾区在全国新发展格局中具有重要战略地位"[①]，要"使粤港澳大湾区成为新发展格局的战略支点、高质量发展的示范地、中国式现代化的引领地"[②]。建设粤港澳大湾区是新时代推动形成全面开放新格局的重要举措，在进一步深化改革、扩大开放中，集聚全球创新要素，加强国际创新合作，推动区域协调发展，为新质生产力的快速孕育和蓬勃发展提供有力支撑。

粤港澳大湾区建设带来的技术革命突破、生产要素创新、产业深度转型升级助推了新质生产力的发展。省委理论学习中心组学习会指出："要深刻认识这是实现高水平科技自立自强，打造

---

① 《坚定不移全面深化改革扩大高水平对外开放　在推进中国式现代化建设中走在前列》，《人民日报》2023年4月14日。

② 李慧敏：《高质量高标准加快建成国际一流湾区》，《红旗文稿》2023年第8期。

世界级创新平台和增长极的重大战略举措，把握新一轮科技革命和产业变革重大机遇，持续产生高质量的科技创新供给，推动新旧动能顺利转换。""要深刻把握协同香港推进国际科技创新这一中心任务，高质量、高标准、高水平推进河套深港科技创新合作区深圳园区建设，坚持深港协同、湾区联动、开放创新，携手打造大湾区国际科技创新中心重要极点和世界级的科研枢纽。"①

粤港澳大湾区城市群科技与创新资源高度集聚，是中国科技创新能力最强、新兴产业发展最活跃的区域之一，具备孕育新质生产力的内源动力。粤港澳大湾区以建设具有全球影响力的国际科技创新中心为抓手，高水平对外开放链接全球创新资源、推动新质生产力发展。粤港澳大湾区科创协同迈出实际步伐，科研要素跨境流动更加便利。国家重点研发计划23个基础前沿类项目、自然科学基金优秀青年科学基金向香港开放。②开展生物材料过境试点工作，港澳科研机构和人员可共享使用重大科技基础设施和大型科研仪器。粤港澳三地联合共建成立"一带一路"生命科技促进联盟、文化遗产保护科学实验室等平台。③围绕创新与开放，粤港澳大湾区全方位夯实综合实力，打造国际科技创新中心，构建具有活力和竞争力的现代化产业体系，为新质生产力培育发展提供蓬勃动力。

① 《深入学习贯彻习近平总书记重要讲话重要指示精神　高质量高标准高水平推进河套深港科技创新合作区深圳园区建设》，《南方日报》2023年10月9日。

② 《融入发展大局　共筑航天梦想（观沧海）》，《人民日报》2023年12月17日。

③ 《粤港澳大湾区建设——蹄疾步稳　成效显著》，《光明日报》2022年6月16日。

《 全球科技创新中心 》

全球科技创新中心是在全球科技创新活动中占据引领和支配地位的城市或地区，具有科技创新资源密集、创新活动活跃、创新能力强大、创新影响广泛等特征。自近代科技革命和工业革命以来，全球著名科技创新中心几经更替、不断变迁，但是能对全球创新资源产生强大吸引力、发挥创新辐射作用的区域具有以下共同特征：

一是具有鼓励创新、容忍失败、多元包容的体制机制和文化氛围；

二是能够集聚各类创新要素，包括高素质人才和充裕的资金；

三是拥有高水平的大学和科研组织；

四是能培育和吸引大量活力迸发的创新型企业；

五是能产生一批对全球有影响力的创新成果和创意；

六是拥有比较完整、适宜的创新链和产业链；

七是具有"宜居""宜业"的生活和商业环境。

《 全球科技创新中心的经验借鉴 》

硅谷地处美国加州旧金山湾区，近万家高科技公司集聚在此，全球前100名的高科技企业有30%将总部设立在硅谷。硅谷以其优越的创新环境吸引了世界各地的精英，包括100

万人以上的科技人员，近千位美国科学院院士，以及40多位诺贝尔奖获得者。硅谷以完备的创新体系、密集的科研人员、高产的创新成果，成为全球最著名的新知识、新技术、新产品和新模式的创新中心。依托本地丰富的知识和资本，以及周边地区的高技术产业群、高端制造业、专业服务和旅游业，硅谷逐渐发展为一个"科技（辐射）+产业（网络）+制度（环境）"的全球科技创新中心，成为全球信息技术、生物技术、新能源等高科技行业的创新摇篮与高地。

2. 粤港澳合作平台支撑作用日益凸显

粤港澳大湾区着力打造的4个重大合作平台和13个特色合作平台，是推动新质生产力发展的重要载体。"4+13"的粤港澳合作平台以体制机制创新为引领，着力集聚全球创新资源，深化科技创新合作，加强产业协同发展，为粤港澳三地新质生产力的形成发展奠定坚实基础。

（1）前海深港现代服务业合作区。

前海深港现代服务业合作区充分发挥高水平对外开放门户枢纽、深港深度融合发展引领区作用，历经多年发展建成为大湾区"最浓缩最精华的核心引擎"。

《 **前海深港现代服务业合作区** 》

促进深港创新要素跨境融通。率先推出商事制度改革，推行负面清单管理；深化贸易便利化改革，推动智能化通关、深港陆空联运、全球中心仓等改革试点；实施"前海全球服务商计划"，出台金融、产业集聚等系列产业政策。多措并举集聚创新主体，2023年注册港企9491家，注册资本9396.8亿元。

深化深港科技创新合作。以创新平台建设为载体，积极引育一批创新主体，截至2023年上半年，建设各类创新载体126家，累计培育国家级创新企业2202家、国家级专精特新"小巨人"企业77家，涌现出独角兽企业12家。合作打造良好创新环境，加强知识产权保护，联合香港发布打造前海深港知识产权创新高地"十六条"。

推动现代服务业融合发展。加快发展以金融业、现代物流业为重点的现代服务业，积极布局高新科技、海洋科技、航空物流及先进制造业，构建现代服务业与战略性新兴产业双轮驱动的产业格局。

（2）横琴粤澳深度合作区。

横琴粤澳深度合作区以服务澳门为核心，依托重大科技创新平台，促进创新要素融通共享，积极推动琴澳两地的一体化协同发展。

《 横琴粤澳深度合作区 》

构建琴澳一体化高水平对外开放新体系。建设粤澳共商共建共管共享体制机制，探索与澳门等地的跨境合作新模式。建立与澳门等地联合工作机制。2024年3月正式施行分线管理封关运行，琴澳一体化迈出关键一步。

推动琴澳产学研一体化发展。吸引国内外知名科研机构和高校入驻，引进北京科技大学新金属材料国家重点实验室，澳门4所高校的国家重点实验室设立分部。截至2023年6月，各类国家级、省级科技创新平台累计达31家。

促进澳门产业适度多元发展。出台《横琴粤澳深度合作区鼓励类产业目录》，有序引导横琴产业发展方向，推动国内外优质企业加快集聚。截至2023年年底，合作区实有澳资企业5952家，总注册资本超1661.84亿元。

积极引育高端创新人才。推进琴澳跨境人才工程和国际人才工程，开展一系列招才引智活动。截至2023年6月，累计引进院士8名，国家重大人才工程入选者超过120人，博士后设站单位34家，在站博士后超过110人。

（3）南沙粤港澳全面合作示范区。

南沙粤港澳全面合作示范区承担着携手港澳共建高水平对外开放门户、创新驱动发展先导区的历史重任，是香港、澳门深度融入国家整体发展战略的关键对接平台与坚实依托。

《 南沙粤港澳全面合作示范区 》

加强合作机制创新。深入实施"湾区通"工程，推动"港澳药械通"政策落地落实，探索居民"两证合一"、金融数据流动、知识产权互认等与港澳规则衔接。建立广州南沙新区香港服务中心等服务机构，推动规划、税务等领域规则衔接和专业人才便利执业。

深化港澳联合科技创新合作。支持香港科技大学（广州）建设世界一流研究型大学，健全"产学研用"协同攻关体系，加强关键技术攻关和科技成果转移转化合作。加快建设香港科技园南沙孵化基地建设，联动大湾区重大创新平台共建"港澳成果+南沙转化+湾区应用"科创产业生态链。

加快高新技术产业发展。推出技术创新与产业发展政策，如"四链"融合政策、独角兽"黄金牧场"九条、"元宇宙九条"等，大力发展智能网联与新能源汽车、新一代电子信息技术、生物医药与健康等新兴产业，积极发展人形机器人、人工智能、无人驾驶等未来产业，加快形成新质生产力。2023年，南沙高新技术企业首次突破1100家，高技术行业产值达249.5亿元。

（4）河套深港科技创新合作区。

河套深港科技创新合作区是深港两地科技创新开放合作的示范区、探索实施国际先进科技创新规则的先行试验区，以及粤港澳大湾区科技成果中试转化的重要集聚地。作为大湾区唯一以科技创新为主题的重大合作平台，河套正成为全球创新资源聚集地。

《 河套深港科技创新合作区 》

促进创新要素加快集聚。创新要素跨境流动先行先试政策深入实施，推出"港澳青年创新创业支持计划"，提供一揽子全方位的支持政策。截至2023年年底，拥有港澳青年创新创业平台5个，汇聚海内外院士13名、科研人员1.5万余名。

产业创新体系持续完善。粤港澳大湾区（广东）量子科学中心等平台落地建设，河套国际性产业与标准组织聚集区正式揭牌，香港科学园深圳分园开园运营。率先开展跨境数据交易试点。率先实施选题征集制、团队揭榜制等科研管理机制。截至2023年年底，落地高端科研项目超160个、国家重大科研平台10个、世界500强研发中心5个、香港高校科研项目10个。

着力推动产业创新发展。落地实施首个深港"联合政策包""产业政策包"以财税支持、知识产权质押贷款贴息、无抵押贷款融资支持等多元化方式扶持产业发展。为独角兽企业、瞪羚企业、专精特新企业等重点科创企业落地，设置灵活的政策梯度力度，惠及不同规模的企业。

（5）13个特色合作平台。

基于资源禀赋和发展基础，13个特色合作平台主要分布在广州、佛山、东莞、惠州、珠海、江门、中山、肇庆8个城市，聚焦生物制药、人工智能、新一代信息技术、科技研发、新能源等领域，着力推动核心技术攻关和产业创新发展，为新质生产力的孕育发展提供良好载体。

表6-1　13个特色合作平台战略定位和产业方向

特色合作平台	战略定位	产业方向
中新广州知识城	知识创造新高地、国际人才自由港、湾区创新策源地、开放合作示范区	生物制药、集成电路、新能源汽车等产业
广州人工智能与数字经济试验区	广州实现老城市新活力和"四个出新出彩"的重要支撑区、粤港澳大湾区数字经济高质量发展示范区	人工智能与数字经济产业
广州穗港智造合作区	穗港智能制造合作新空间、科技引领产业升级共同体	新一代信息技术、生物医药、智慧物流等现代服务业
珠海西部生态新区	珠江流域与21世纪海上丝绸之路沿线国家合作发展的战略支点、粤港澳大湾区合作的重大平台、珠江西岸先进装备制造产业带的核心基地、国际宜居城市的示范新区	先进制造业，批发零售业，科学研究、技术服务和地质勘查业，租赁和商务服务业，信息传输、软件和信息技术服务业等
佛山南海粤港澳合作高端服务示范区	推动粤港澳高端服务合作，搭建粤港澳市场互联、人才信息技术等经济要素互通的桥梁	金融、专业服务、科创、教育、智慧物流等高端服务业等
佛山三龙湾高端创新集聚区	面向全球的先进制造业创新高地、珠江西岸开放合作标杆、广佛融合发展引领区、高品质岭南水乡之城	智能制造、科技研发、数字经济、生物医药、电竞产业、工业会展等

（续上表）

特色合作平台	战略定位	产业方向
佛山顺德粤港澳协同发展合作区	产业创新协同发展平台、现代服务业协同发展高地、青年协同发展新空间、人文协同发展优质生活圈	集成电路制造、人工智能、质检技术服务、工业设计服务、认证认可服务等
惠州潼湖生态智慧区	中韩合作高地、港澳高端资源要素集聚地、深圳都市圈高端制造业基地	新能源电池、电子元器件、智能装备制造等
东莞滨海湾新区	粤港澳大湾区协同发展特色平台、珠三角核心区融合发展战略节点、东莞高质量发展创新引擎、滨海生态宜居智慧新城	新一代信息技术、文化旅游休闲、高端现代服务、海洋经济、生命健康、人工智能、航空航天等
中山翠亨新区	国际化现代化城市新中心、珠江口东西两岸融合发展示范区、粤澳全面合作示范区	人工智能与数字经济、生物医药、现代服务业、高端装备制造业等
江门大广海湾经济区	珠江口西岸高端产业集聚发展区的核心区组成部分	海洋生物、循环经济、精细化工、海洋工程装备和临港能源及物流等
江门华人华侨文化交流合作重要平台	展示华侨华人家国情怀的重要窗口、共建共享的创新创业高地、特色文化产业基地	华侨华人文化产业与旅游产业
肇庆新区	肇庆高质量发展"新引擎"、肇庆服务港澳发展"主阵地"	高端电子信息、新能源汽车、先进装备制造、新材料、汽车零部件、生物医药等

资料来源：根据广东省发改委提供的资料及《粤港澳合作发展平台手册》整理。

3. 粤港澳大湾区建设国际科技创新中心的战略方向

巩固大湾区科技创新资源优势，深入推进大湾区国际科技创新中心、大湾区综合性国家科学中心建设。通过创新管理赋能新型研发机构发展，加强政策研究，加大支持力度，推动建设一批高质量的新型研发机构，推动创新链、产业链深度融合，培育发展新动能，为壮大粤港澳大湾区新质生产力提供支撑。

加强科技创新和产业创新深度融合，打造具有全球影响力的产业科技创新中心。聚焦数字经济，以大模型、先进算力、人工智能、量子信息等领域为重点，培育一批具有国际竞争力的龙头企业和典型场景、典型应用。加快推进产业创新"政策试点"，支持大湾区在数据交易、数据跨境流动、深港澳数字科技合作等领域先行先试，推动国家级数字创新平台、数字交易平台、数字基础设施平台等在大湾区布局。

深入推进大湾区科技成果转化合作，推动成为全球科技创新成果转化高地。理顺科技成果转化合作机制，促进大湾区科研机构、高校与企业的紧密合作联动，形成产学研深度融合的创新体系。建设一批高效、专业的科技成果转化服务平台，提供专业的技术转移、成果评估与交易服务，确保科研成果能够迅速转化为现实生产力。鼓励大湾区各城市之间在科技项目联合研发与成果转化上开展深度合作，形成资源共享、优势互补的创新网络，共同推动粤港澳大湾区科技创新和产业转型升级。

七 体系支撑——新质生产力发展的孕育沃土

新质生产力的发展是一项系统工程，离不开相关配套体系支撑。要全面深化改革，打通束缚新质生产力发展的堵点、卡点，为新质生产力发展提供制度保障；要激发人才动能和深化金融赋能，引导各类先进优质生产要素向新质生产力集聚，为新质生产力发展提供要素保障；要持续优化营商环境，吸引各类创新要素落地生根、枝繁叶茂，为新质生产力发展提供重要的环境保障。

（一）全面深化改革，打通束缚新质生产力发展的堵点卡点

习近平总书记强调，"生产关系必须与生产力发展要求相适应。发展新质生产力，必须进一步全面深化改革，形成与之相适应的新型生产关系"①，"深化科技体制、教育体制、人才体制等改革，打通束缚新质生产力发展的堵点卡点"②。从这个意义上来说，发展新质生产力，既是发展命题，也是改革命题。

生产力决定生产关系，生产关系对生产力具有反作用。当生产关系适应生产力发展要求时，会对生产力发展起推动作用；当生产关系不适应生产力发展要求时，则会对生产力发展起阻碍作用。生产关系既可以成为新技术革命产生和发展的"发动机"和"加速器"，也可能成为新技术革命产生和发展的"桎梏"和"抑制器"。新质生产力是由技术革命的重点突破不断推动而形成的，它的发展同样需要生产关系的调整，并形成与之相适应的新型生产关系。

改革是指改变不符合生产力发展状况的生产关系，以激发生产力发展活力。改革开放以来，我国经济社会发展取得重大成就，根本原因在于通过改革不断调整生产关系，从而推动生产力

---

① 《加快发展新质生产力　扎实推进高质量发展》，《人民日报》2024年2月2日。
② 《因地制宜发展新质生产力》，《人民日报》2024年3月6日。

的飞速发展。当前，形成和发展新质生产力，同样需要创造性地运用这一宝贵经验。要深化经济体制、科技体制、人才体制等改革，破除一切制约生产要素自由流动和高效配置的制度藩篱，打通束缚新质生产力发展的堵点卡点，为推动新质生产力发展打下坚实的制度基础。

1. 深化经济体制改革

落实"两个毫不动摇"，支持民营经济和民营企业发展壮大，充分激发不同所有制主体参与创新、发展新兴产业的主动性和积极性。破除地方保护和所有制歧视，平等对待不同所有制企业的创新活动。建立高标准市场体系，全面完善产权保护、市场准入、公平竞争等制度，筑牢社会主义市场经济有效运行的体制基础。以要素市场化配置改革为重点，加快建设统一开放、竞争有序的市场体系，推进要素市场制度建设，实现要素价格市场决定、流动自主有序、配置高效公平，让各类先进优质生产要素向发展新质生产力顺畅流动。建设更高水平开放型经济新体制，大力推进制度型开放，全面对接国际高标准市场规则体系。

2. 深化科技体制改革

健全社会主义市场经济条件下关键核心技术攻关新型举国体制，改革重大科技项目立项和组织管理方式，赋予科研单位和科研人员更多自主权，实行"揭榜挂帅""赛马"等制度。健全鼓励支持基础研究、原始创新的体制机制，研究建立重大科技基础设施建设运营多元投入机制，支持民营企业参与关键领域核心技术创新攻关。建立以企业为主体、市场为导向、产学研深度融合的技术创新体系，支持大中小企业和各类主体融通创新。完善技术成果转化公开交易与监管体系，推动科技成果转化和产业化。健全科技评价机制，完善自由探索型和任务导向型科技项目分类评价制度。

3. 深化人才发展体制机制改革

完善人才管理体制，加快转变政府人才管理职能，保障和落实用人主体自主权。改进人才培养支持机制，建立高校学科专业、类型、层次和区域布局动态调整机制，完善产学研用结合的协同育人模式。建立基础研究人才培养长期稳定支持机制，进一步改革科研经费管理制度。深化技术技能人才培养体制改革，创新技术技能人才教育培训模式。优化青年科技人才选拔和培育机制，构建具有国际竞争力的引才用才机制。创新人才评价机制，改进人才评价考核方式，改革职称制度和职业资格制度。健全人才顺畅流动机制，建立高层次人才、急需紧缺人才优先落户制度。强化人才创新激励机制，完善知识产权保护制度，健全收入分配制度和人才奖励制度。

（二）建设战略人才力量，夯实新质生产力发展的人才根基

1. 实施新时代人才强国战略，为实现高水平科技自立自强提供重要保障

2021年9月，习近平总书记在中央人才工作会议上明确指出："人才是衡量一个国家综合国力的重要指标。""国家发展靠人才，民族振兴靠人才""深入实施新时代人才强国战略，全方位培养、引进、用好人才，加快建设世界重要人才中心和创新高地。"[①] 2024年1月31日，习近平总书记在主持二十届中共中央政治局第十一次集体学习时强调，要按照发展新质生产力要求，畅通教育、科技、人才的良性循环，完善人才培养、引进、使用、合理流动的工作机制。[②] 这是习近平总书记首次系统阐述人才对发展新质生产力的重要作用，为以高质量人才工作服务支撑新质生产力发展指明了前进方向，提供了根本遵循。

2. 营造良好人才生态环境，为新质生产力发展集聚天下英才

要实现高水平创新成果的不断涌现，就必须"聚天下英才而用之"，加快建设世界重要人才中心。人才集聚是一项复杂的系

[①] 习近平：《深入实施新时代人才强国战略 加快建设世界重要人才中心和创新高地》，《求是》2021年第24期。

[②] 《加快发展新质生产力 扎实推进高质量发展》，《人民日报》2024年2月2日。

统工程，根据生态系统理论，人才是否向某一区域流动和集聚关键要看这一区域是否具有促进人才发展的良好生态环境。人才生态环境是指吸引、培养、使用、留住人才所需要的各种环境条件的综合体，主要由经济环境、文化环境和制度环境三部分构成。

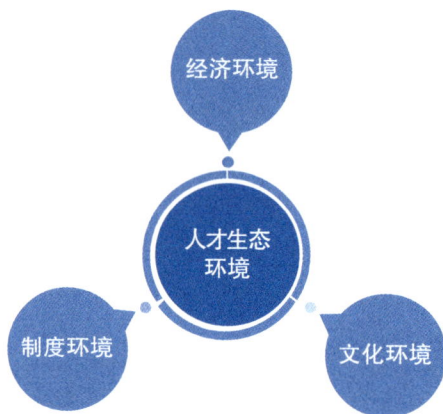

图7-1　人才生态环境构成

经济环境。经济环境是影响创新人才流动和集聚的重要驱动力。地区经济发展水平的不断提高，能够带来更多的就业岗位、更高的收入水平、更好的工作条件等，形成人才集聚的"强大磁场"。纵观人类社会发展历史，经济发展水平高、速度快的中心城市往往是人才集聚高地，吸引了大量的优秀人才持续流入，为区域经济发展和创新活动注入新鲜血液。要加快经济发展的步伐，大力发展战略性新兴产业、未来产业，巩固比较优势产业和传统产业的基础，构建培育产业集群，以经济发展提升人才吸引力。

文化环境。文化环境是地区软实力的重要体现，对人才集聚的影响是深远且潜移默化的。根据马斯洛需求层次理论，人才在基本的生理、安全需求获得满足后，会寻求更高层次的精神满足，如尊重和自我实现需要。人才大多受过较长时间的教育，拥有较丰富的精神世界，对荣誉感、成就感、使命感等精神文化需求较多。同时，人才大多需要进行创造性劳动，会面临较多的失误或失败，因此对宽容失败的包容文化需求较迫切。要营造爱才、惜才、敬才、容才的社会环境，增强人才的荣誉感、成就感、使命感，广泛宣传其典型事迹，讲好人才故事。

制度环境。制度是起根本性、全局性、长远性作用的。良好的人才制度是集聚人才、留住人才、用活人才最重要的环境。要通过深化人才发展体制机制改革，破除人才引进、培养、使用、评价、流动、激励等方面的体制机制障碍，吸引人才落地生根，激发人才创新积极性；要持续深化人才发展体制机制改革，实施更加积极、更加开放、更加有效的人才政策，加快废止或修订不适宜当前人才发展的政策措施，不断增强人才制度体系的科学性、完备性和先进性，形成具有国际竞争力的人才制度优势，为人才干事创业营造富有活力的体制机制和制度保障。

3. 强化科技产业人才支撑，为推动广东新质生产力发展输送强劲动力

党的十八大以来，广东省全面贯彻习近平总书记对广东重要讲话、重要指示批示精神，以"聚天下英才而用之"的人才战略思想为遵循，抢抓粤港澳大湾区高水平人才高地建设的重大历史机遇，一体推进教育强省、科技创新强省、人才强省建设，深入实施人才强省战略，全方位培养、引进、用好人才，初步建立了

一支规模宏大、结构合理、素质优良的科技人才队伍和产业人才队伍，为新质生产力发展提供了人力支撑。

截至2023年年底，全省专业技术人才、技能人才总量分别达972万人、1979万人，其中，高层次人才94万人、高技能人才690万人，居全国前列。全省有效持证外国人才达4.5万人，汇聚国家和省级重大人才工程入选者超5000人。全省研发人员超130万人，约占全国1/7，连续7年居全国第一。全省有1301家博士后科研平台，在站博士后超过1.3万人，约占全国1/7，排名全国第一。全职在粤"两院"院士超150人，2023年新增13人。

（1）打造高水平的科技人才队伍。

大力培养使用战略科学家。习近平总书记强调，要"大力培养使用战略科学家"，"坚持实践标准，在国家重大科技任务担纲领衔者中发现具有深厚科学素养、长期奋战在科研第一线，视野开阔，前瞻性判断力、跨学科理解能力、大兵团作战组织领导能力强的科学家"[1]，并明确要求"形成战略科学家成长梯队"[2]。战略科学家既是科学家，更是战略家，是科技人才中的"帅才"，是引领科技前瞻布局、带动重大领域创新、推动新质生产力发展的"关键少数"。科技革命史表明，正是"关键少数"改变了科学和技术范式，引领了人类未来走向。

2020年以来，广东通过构建面向国际顶尖战略科学家、院士

---

[1] 习近平：《深入实施新时代人才强国战略　加快建设世界重要人才中心和创新高地》，《求是》2021年第24期。

[2] 习近平：《深入实施新时代人才强国战略　加快建设世界重要人才中心和创新高地》，《求是》2021年第24期。

专家的专项人才政策，吸引了一批院士汇聚。2022年，出台《广东省人民政府办公厅关于改革完善省级财政科研经费使用管理的实施意见》，探索开展顶尖领衔科学家支持方式试点，赋予战略科学家更充分的科研自主权。

未来，广东应依托广州、鹏城实验室和10家省实验室，借助大科学装置的带动作用，集聚诺贝尔奖得主、"两院"院士、国家最高科学技术奖获得者等战略科学家，实行"一人一策"直接引进。探索实施"首席科学家负责制""揭榜挂帅制"，支持具有战略科学家潜质的高层次复合型人才，形成战略科学家成长梯队。

加强基础研究人才队伍建设。习近平总书记强调，"加强基础研究，归根结底要靠高水平人才"，"必须下气力打造体系化、高层次基础研究人才培养平台，让更多基础研究人才竞相涌现"。[①]基础研究人才密度决定科技自立自强高度，对于新质生产力发展具有十分重要的作用。

2020年以来，广东以体制机制改革为重点，加快人才管理职能转变，不断为高层次基础研究人才松绑，激发创新活力。主要措施包括：向高水平大学下放人事管理权限，授予用人单位人才评价自主权。开展科研经费使用"负面清单+包干制"试点，健全科研人员职务发明成果权属改革，持续开展减轻科研人员负担专项行动。

未来，广东应优化实施基础研究十年"卓粤"计划、基础研

---

① 习近平：《加强基础研究　实现高水平科技自立自强》，《求是》2023年第15期。

究人才专项、省自然科学基金项目等，加快国家实验室、省实验室、大科学装置建设，打造高水平基础研究人才培养平台。尊重基础研究人才成长规律，分层分类完善长周期人才评价机制。加强"双一流"高校基础教育和基础学科建设，增设与新技术、新产业、新业态相关的专业，加大STEM人才培养力度，探索基础学科拔尖人才培养新模式。

« STEM教育 »

STEM教育是结合科学（science）、技术（technology）、工程（engineering）和数学（mathematics）的跨学科综合教育模式，旨在培养具有全面科学知识和创新能力的人才。STEM教育强调实践、创新和问题解决能力，以适应未来科技发展的需求。

集聚全球一流科技创新人才。 习近平总书记强调，"现在，我们比历史上任何时期都更需要广开进贤之路、广纳天下英才。要实行更加开放的人才政策，不唯地域引进人才，不求所有开发人才，不拘一格用好人才"[1]，"引进培养一批具有国际水平的战略科技人才、科技领军人才、青年科技人才和高水平创新团队，聚天下英才而用之"[2]。新中国成立以来的历史证明，引进外国人才和智力是强化人才供给的战略性选择。

---

[1] 《中国要永远做一个学习大国》，《人民日报》2014年5月24日。

[2] 习近平：《在深圳经济特区建立40周年庆祝大会上的讲话》，人民出版社2020年版，第8页。

2020年以来，广东针对港澳和外籍人才推出系列政策措施，主要包括：优化外国人来华工作许可计点积分制度，简化外国人来华工作许可办理流程。将"外籍和港澳台高层次人才认定"职能下放至地级以上市科技部门，进一步扩充外籍"急需紧缺"人才认定范围。实施粤港澳大湾区境外高端紧缺人才个人所得税优惠政策，大力推进大湾区"人才通"。

未来，广东应充分发挥横琴、前海、南沙、河套等重大平台作用，实施国际和港澳台人才交流专项，推进外籍"高精尖缺"人才认定标准，举办"海外专家南粤行""百名海外博士博士后南粤行"等特色活动。优化外籍科技人才在粤工作居留政策，鼓励外籍高层次人才申请永久居留，推进职称职业技能国际化互认。鼓励企业布局海外"人才飞地"，启动实施广东企业国（境）外研发中心就地取才计划。

（2）构筑制造业坚实的产业人才队伍。

打造大批一流科技领军人才和创新团队。习近平总书记强调，"要发挥国家实验室、国家科研机构、高水平研究型大学、科技领军企业的国家队作用，加速集聚、重点支持一流科技领军人才和创新团队。要围绕国家重点领域、重点产业，组织产学研协同攻关"①。"卡脖子"关键核心技术攻关人才作为战略人才力量的核心组成部分，担负着引领科技自主创新和产业自主可控的重要使命，是支撑新质生产力发展的关键力量。

2020年以来，广东分平台分赛道实施"珠江人才计划"，制

---

① 习近平：《深入实施新时代人才强国战略 加快建设世界重要人才中心和创新高地》，《求是》2021年第24期。

定"卡脖子"技术领域和战略必争领域引才目录清单，试点实施用人单位自主举荐、知名专家举荐，"一事一议"引进急需紧缺产业领军人才。实施"广东特支计划"，创新"揭榜挂帅"方式，以解决实际问题的能力和成效作为人才评价主要标准，分层次、有重点地遴选培养本土产业领军人才。

未来，广东应以"高精尖缺"为导向，优化科技领军人才发现机制和项目团队遴选机制，赋予领军人才技术路线决定权、更大经费支配权、更大资源调度权。探索建立"卡脖子"关键核心技术攻关人才特殊调配机制，跨部门、跨地区、跨行业、跨体制调集领军人才，组建攻坚团队。建设一批技术创新中心、制造业创新中心、工程技术研究中心等，为科技领军人才和创新团队提供国际一流的创新平台。

《 广州黄埔区集聚科技领军人才的创新举措 》

1. 拨投结合，探索财政资金滚动支持领军人才项目可持续发展路径。通过股权方式扶持初创人才企业，有利于开展更早期科技创新、成果转化和成功融资。退出的股权投资资金可滚动使用，提高财政资金使用效率。

2. 发挥企业资源优势，与直接股权投资、基金形成补充。设立"领军人才股权投资专项金"，既可以支持开展更早期科技创新、成果转化和成功融资，又可以增强企业的管理责任和增值服务动力。

3. 扩大申报范围，发挥区内重大研发平台专业资源，遴选推荐优质人才项目。进一步放宽申请条件，将国家级战略科技创新平台作为项目推荐单位，经专业机构推荐的项目可直接入选。

4. 进一步完善原管理细则中资金管理与项目管理内容，给予领军人才更大的财务自主权。对各项资助资金的使用范围进行更新，赋予项目承担单位更多的预算调剂权。

培育大批卓越工程师。习近平总书记强调，"工程师是推动工程科技造福人类、创造未来的重要力量，是国家战略人才力量的重要组成部分"[①]，"培养大批卓越工程师……努力建设一支爱党报国、敬业奉献、具有突出技术创新能力、善于解决复杂工程问题的工程师队伍"[②]。工程技术人员不断创新探索，在解决复杂工程技术难题、研发先进工程技术等领域发挥重要作用，为新质生产力发展注入人才动能。

2020年以来，广东围绕卓越工程师培养的重大平台、重大项目等方面持续发力，取得了显著成效。华南理工大学、南方科技大学入选第二批国家卓越工程师学院建设高校名单，佛山、东莞被纳入首批国家卓越工程师创新研究院建设试点；东莞理工学院入选教育部首批"卓越工程师教育培养计划"。佛山首次设立"佛山卓越工程师"奖项，加大对卓越工程师的激励与表彰

---

① 《坚定科技报国为民造福理想　加快实现高水平科技自立自强服务高质量发展》，《人民日报》2024年1月20日。

② 习近平：《深入实施新时代人才强国战略　加快建设世界重要人才中心和创新高地》，《求是》2021年第24期。

力度。

　　未来，广东应以产业需求为导向，实施卓越工程师教育培养计划，围绕工程关键技术难题，培育一批高层次和急需紧缺工程技术人才。支持华南理工大学、南方科技大学、佛山大学、东莞理工学院等高校加快发展新工科，推动高水平"双师"队伍建设，探索工程技术拔尖人才培养新模式。高水平建好国家卓越工程师学院、国家卓越工程师创新研究院等重大平台。

《 华南理工大学卓越工程师产教融合培养新模式 》

　　1. 构建深化产教融合新机制。与中央企业、行业头部企业等百余家单位共同加快关键领域工程硕博士培养模式改革，共同制定"以需求为导向，以项目为牵引"的工程硕博士招生选拔制度。

　　2. 探索工程教育改革新路径。建设7个新工科学院和高端交叉研究院，创设"学院+高端研究院+研发中心+行业联盟"的产学研融合新模式，构建国际化课程体系。重点打造由首席科学家领衔的基础前沿交叉团队、由技术总师领衔的关键核心技术攻关团队、高端成果转化团队三类协同创新团队。

　　3. 推动高水平"双师"队伍新发展。采用"双聘"等灵活方式引育产业师资，聘请相关行业龙头企业首席科学家为顾问教授，建立以"校内首席专家+行业产业首席专家"为核心的"双师"团队。

4. 打造卓越人才培养新体系。校企协同重构卓越工程师培养课程体系，建成"工程认知（工程伦理）—校企模块课程—企业学习"的"螺旋式"进阶课程群，邀请企业资深技术专家讲授核心专业课程。完善工程学位授予标准，探索建立和完善卓越工程师培养的质量评价标准。

培养南粤工匠和高技能人才。习近平总书记强调，"技术工人队伍是支撑中国制造、中国创造的重要基础"[①]，"深化产业工人队伍建设改革，加快建设一支知识型、技能型、创新型产业工人大军，培养造就更多大国工匠和高技能人才"[②]。高技能人才是推动科技创新成果转化为现实生产力的关键性人才，在前沿技术转化应用过程中发挥着"嫁接者"的重要作用。

2020年以来，广东在产才融合的高技能人才引育方面走在全国前列，主要措施包括：在省级层面率先落地实施"新八级工"制度。构建"产教评"技能生态链，首批63条生态链带动3170家生态企业、432所院校参与，全面推行企业新型学徒制。首创技工院校校企双制办学模式，建成30所校企双制示范校。推动省高技能人才培养联盟、高技能人才培训基地、技能大师工作室建设，承办和参与各类技能大赛等。

未来，广东应积极推行"新八级工"制度，评选认定一批

---

① 《弘扬精益求精的工匠精神 激励广大青年走技能成才技能报国之路》，《人民日报》2019年9月24日。

② 《坚持党对工会的全面领导 组织动员亿万职工积极投身强国建设民族复兴伟业》，《人民日报》2023年10月24日。

首席技师、特级技师，鼓励企业依托高技能领军人才设立技能大师工作室。定期举办全省职业技能大赛、高技能领军人才成果展示交流等活动。建设"产教评"融合技能生态链，开展学生学徒、"技培生"等培养。实施技工教育"强基培优"计划、办学条件达标工程、百校协作腾飞计划等，培育一批优质技工院校。实施省级重点、特色专业扶持项目，"培强扶新"一批省级优质专业。

《 "产教评" 技能生态链 》

以产业岗位标准为引领、以院校学生和教学资源为基础、以职业技能等级评价为纽带的"产教评"技能生态链，为产业链现代化注入新动能。

通过创新"三方九出八共"模式，形成以龙头企业为链主，以真实岗位、真实标准为引领，政、企、校共商共建共享的技能生态新机制，为产业链建立集招生、培训、评价、就业、提升于一体的技能人才供应链。

1. 产业引领，构建企业育才新格局。遴选技能岗位多、产能产值高、生态体量大、协同带动能力强的龙头企业为"链主"，以点带链，以链带面，构建以企业为主导的人力资源开发利用新格局。

2. 就业优先，推行学徒就业新形式。支持生态链企业面向应往届毕业生，开展学生学徒、技培生培养，鼓励企业提前参与技能人才培育。

3. 评价先行，建立产业技能等级新标准。支持"链主"企业为产业链用工企业提供职业技能等级自主评价服务，推进国家职业标准适应性开发，制订行业企业评价规范并推动上升为产业人才培养评价标准。

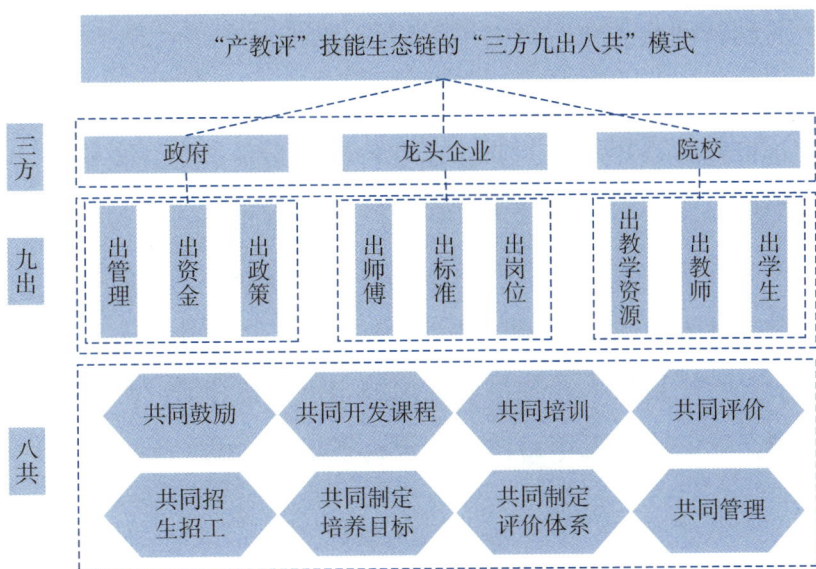

图7-2 "三方九出八共"模式

（3）造就规模宏大的青年科技人才队伍。

习近平总书记强调，要"造就规模宏大的青年科技人才队伍"，"把培育国家战略人才力量的政策重心放在青年科技人才上……支持青年人才挑大梁、当主角"。①25岁到45岁的青年科

① 习近平：《深入实施新时代人才强国战略 加快建设世界重要人才中心和创新高地》，《求是》2021年第24期。

技人才最富有创造力和创新精神，是推动新质生产力发展的重要生力军。

2020年以来，广东不断加大青年科技人才培养力度，深入实施博士博士后人才专项支持计划，省重大人才工程对青年人才的立项比例近70%，2023年省自然科学基金资助各类项目中45岁以下中青年占80%以上。2022年成功举办第一届粤港澳大湾区博士博士后创新创业大赛，吸引了近1万人参加。

未来，广东应实施"百千万"青年科技人才"育才"行动，遴选一批优秀青年科技人才。在省自然科学基金等各类科技计划项目中优先支持青年科技人才，鼓励优秀青年人才参与牵头承担重大科研项目。完善自然科学领域博士后培养机制，合理扩大自然科学、工程技术领域博士后规模。开展青年科技人才减负行动，加大青年科技人才生活服务保障力度。优化青年科技人才评价机制，建立优秀青年科技人才全链条培养制度。

（三）发挥金融引擎作用，为新质生产力"蓄势赋能"

金融作为资源配置的引擎，对于实现高水平科技自立自强，产业深度转型升级，起着重要的"活水"作用。2023年10月，中央金融工作会议明确指出要"做好科技金融、绿色金融、普惠金融、养老金融、数字金融五篇大文章"，彰显了金融激发催生新产业、新模式、新动能的重要支撑和带动作用。

1. 广东金融支持新质生产力发展的做法与成效

广东充分发挥金融服务实体经济"主力军"的作用，不断强化制造业当家、科技创新强省、绿美广东等重点战略的金融支持，以高质量的金融供给塑造新产业、新模式和新动能，催生新质生产力。

（1）夯实金融政策支撑。

党的十九大以来，广东先后出台支持经济高质量发展、制造业当家、科技创新强省建设的一揽子金融政策，全面涵盖银行保险、多层次资本市场、跨境金融、风险管理、金融科技等领域，形成了良好的金融发展环境。通过深入贯彻落实"金融+"工程，广东聚焦"金融+制造""金融+科创""金融+绿色"等核心板块，实现了创新链条与资本链条的有机结合，驱动了传统产业转型升级和创新型产业集群的培育发展，有效地拓展了金融服务实体经济的广度和深度。

《 广东出台"科金15条"　助力科技型企业创新发展 》

聚焦当前金融服务科技创新的短板弱项，2024年2月，广东出台《关于加快推进科技金融深度融合助力科技型企业创新发展的实施意见》（简称《意见》），主要突出对重大科技任务和科技型企业两个领域的支持，通过积极引导各类资本聚焦重大科技任务，聚力推动原创核心技术、前沿颠覆性技术突破并向现实生产力转化，大力发展新质生产力；围绕"投早投小投硬科技"力度不够，信贷风险分担机制不够健全，科技金融服务产品和模式不够丰富等问题，该意见提出，要为科技型企业全生命周期，提供多元化、全方位、接力式金融支撑的综合服务体系，统筹金融支持科技创新和防范金融风险。

《 深圳率先出台12条金融举措支持新能源汽车产业链 》

深圳是我国"新能源汽车产量第一城"。据统计，深圳新能源汽车产量已占全球产量1/8。《2023胡润中国新能源产业集聚度城市榜》显示，深圳连续两年位列中国新能源产业集聚度城市榜榜首，已形成龙头企业引领、产业链供应链高度协同的产业生态圈。2023年2月，中国人民银行深圳市中心支行率先出台12条金融举措，联合深圳银保监局、深圳证监局等部门，支持新能源汽车产业链高质量发展。通过布局"零部件原材料—整车生产—终端应用"全产业链、梳理产业链重点企业名单、组织银行积极开展融资对接等，力争经过5年时间，大幅提升金融支持产业融合集群发展能力。

（2）筑牢"金融+"服务体系。

聚焦"金融+制造"，精准赋能制造业当家。广东充分发挥金融大省优势，不断提升制造业金融服务质效，持续推动"广东制造"向"广东智造"转型。聚焦打造20个战略性新兴产业集群，不断优化信贷结构，2023年全省战略性新兴产业整体贷款余额同比增长超过50%。聚焦提升制造业自主创新能力，2023年金融助力先进制造业增加值、高技术制造业增加值分别增长4.5%、1.3%。工业企业技术改造升级项目贷款同比增长23.59%，实现了工业投资的大幅跃升。聚焦强化产业链供应链韧性，2023年前三季度，累计为产业链核心企业提供日常周转资金支持同比增长33%，为产业链上下游企业提供资金支持同比增长37%，有效地提升了供应链和产业链金融服务水平。

强化"金融+科创"，助力科技创新自立自强。优化银行信贷支持科技创新。围绕做好科技金融这篇文章，不断丰富差异化的信贷服务供给，为科技企业提供精准金融支持。2023年广东对科技强省建设的金融保障创历史新高，高新技术企业和科创企业贷款增速均为信贷平均增速的两倍以上。保险市场赋能高水平科技创新。全省各级各类保险机构，通过完善科技保险试点和完善产品体系，切实提升对科技企业的服务保障能力。截至2023年12月末，全省为科技企业提供风险保障2.03万亿元，同比增长13.74%，专利保险提供风险保障7.31亿元。多层次资本市场服务科技创新。自注册制改革试点落地以来，广东新增科创板、创业板上市公司共181家，在全国排名第一。2023年，广东省一级市场的智能制造、人工智能和医疗健康等行业融资，均超过了北京和上海两地。政府引导基金鼓励科技创新。充分发挥政府母基金对创新财政资金使用、引导新兴产业发展、撬动社会资本投入的重要作用，逐年加大政府引导基金的整合力度。截至2023年6月底，广东共有43只母基金，其中，政府引导基金30只，市场化母基金13只。

深化"金融+绿色"，进一步激活绿色生产力。 绿色发展是高质量发展的底色，新质生产力本身就是绿色生产力。2023年，围绕绿美广东生态建设目标任务，广东持续引导金融资源配置到绿色低碳领域。据"粤信融"征信平台统计，截至2023年12月19日，"绿美广东产融对接"首批入库项目达81个，来自12个地市，拟计划融资总额216.03亿元。全省绿色贷款总量、质效均实现新提升，2023年广东绿色贷款余额达3.1万亿元，同比增长43.4%。从用途看，绿色信贷投放主要集中在基础设施升级（占比41.6%）、清洁能源产业（占比27.9%）以及节能环保产业（占比21.0%），重点涵盖建筑节能与绿色建筑（占比19.9%）等领域。

《 **深圳以科技金融和绿色金融培育新动能新优势** 》

做好科技金融大文章。2023年，深圳首创"腾飞贷"模式，打破了授信额度核定"看过去、看同业、看担保"的传统思维，转向"看订单、看周转、看合作"，通过灵活的利率定价和利息偿付方式，为科技型企业提供更契合快速成长期需求的信贷服务。此外，知识产权质押融资为科创型企业创新发展注入新动力，全年专利和商标质押金额及笔数均居全省第一位，在148个国家知识产权强市建设试点示范城市中排名第一。

做好绿色金融大文章。2023年，深圳金融支持建设山海连城、绿美深圳成效显著。绿色贷款余额、增速较2019年均增长近2倍，服务绿色创新的汽车制造业中长期贷款余额同比翻倍。辖内银行运用碳减排支持工具发放碳减排贷款136.7亿元，带动年度碳减排量314.0万吨，有力支持深圳以先行示范标准建设全国首批碳达峰试点城市。

（3）提升数字金融服务能级。

广东金融机构聚焦数字化转型，纵深拓宽金融服务边界，提升综合服务能级。2023年，广东辖内主要法人机构均已根据自身发展特点制定全方位数字化转型战略，通过推动线下业务线上迁移、发展非接触式业务创新等，不断优化经营管理模式，延展金融服务半径，优化金融产品供给，满足各类主体多元化金融服务需求。坚持发展和安全并重，通过持续健全风险防范体系，构建多方合作的智慧监管生态圈，有效提升金融发展能级。

2. 广东金融支持新质生产力发展的战略思路

金融支持新质生产力发展的关键，是要围绕做好"五篇大文章"，提升金融支持的准度与效度，引导金融资源向科技创新、先进制造、绿色发展等重点领域倾斜，以提供高质量的金融服务。

（1）持续优化产业金融体系，助力产业转型升级。

着力打造"由产到融"的资本链条。一是大型金融机构要聚焦战略性新兴产业，实施一批有针对性的产业金融支持工程，加强对重要产业链"链主"企业和上下游企业数字化转型的支持。二是地方金融机构要聚焦服务本地制造业，发挥决策链短、机制灵活、熟悉属地政策等优势，重点支持中小微企业。三是数字化能力强的金融机构，要致力于为不同企业量身定制"上云入链"方案，弥合企业"数字鸿沟"，促进数字经济与实体经济深度融合。

（2）大力推进科创金融发展，形成多元化融资机制。

顺畅和拓宽科创企业投融资渠道。一是建立科技创新投资基金体系，强化省市创新创业基金引导撬动作用，优化政府科技信贷风险分担和补偿机制，引导更多金融机构、社会资金"投早投小投科技"。二是持续加强科技成果与资本市场对接，支持科技型企业通过发行上市、再融资及并购重组等方式实现更快发展。三是持续优化科技金融产品，进一步开展知识产权质押融资，优化科技信贷产品体系，扩大科技保险覆盖面，助力科技型企业创新发展。

（3）提升绿色金融供给质量，提升发展的绿色底色。

基于传统产业和企业的绿色转型需要，不断创新绿色金融产品、转型金融产品和气候金融产品，强化碳市场与碳金融建设，优化重点领域绿色金融标准，不断提升绿色金融供给质量。

（4）加强政策协同联动，提升金融支持效率。

推动金融政策与财政、产业、区域、生态等方面政策的集成配合。特别是加强财政金融政策协同，通过创新应用政府股权投资基金、风险补偿基金、财政贴息等财政金融融合政策工具，搭建"财政+金融"支持科技创新、产业转型的风险共担机制，实现资源共享、风险共担、共同投资、互利共赢。

（四）持续优化营商环境，护航新质生产力发展

1. 营商环境是新质生产力发展的重要保障

市场化、法治化、国际化一流营商环境，为技术创新、要素配置和产业转型提供了良好支撑，是新质生产力形成和发展的必要条件和重要保障。首先，营商环境优化有助于推动技术革命性突破。良好的营商环境通过构建完善的技术创新体系，充分激发市场主体创新活力，推动产学研深度融合，促进技术转移和成果转化，推动新质生产力的形成和发展。其次，营商环境优化有助于提升生成要素的配置效率。良好的营商环境通过完善产权保护、市场准入、公平竞争、社会信用等市场经济基础制度，激发劳动、知识、技术、管理、资本和数据等生产要素活力，促进生产要素在企业间、行业间、地区间顺畅流动、高效配置。再次，营商环境优化有助于推动产业深度转型升级。通过优化投资环境、完善服务体系的方式促进企业集聚，并通过针对性产业政策，支持引导企业向高科技、高附加值、绿色低碳等方向发展，推动传统产业转型升级，培育发展战略性新兴产业和未来产业。

发展新质生产力，必须优化营商环境，深化政府管理体制改革，发挥好政府在提供基础性制度、基础性市场设施、要素资源市场化方面的积极能动作用，打通束缚新质生产力发展的堵点卡点，建立高标准市场体系，创新生产要素配置方式，促进先进优质生产要素顺畅流动，为新质生产力的形成和发展保驾护航。

2. 广东优化营商环境的主要做法

广东省多措并举推进深化改革、提升服务、促进公平、强化法治，持续优化营商环境，为新质生产力提供了孕育沃土。广东省连续4年获全国工商联万家民营企业评营商环境的最佳口碑省份，连续5年商事制度改革获国务院督查激励。截至2023年年底，全省登记在册经营主体突破1800万户，其中，企业突破780万户，在全国占比达1/7。

对接港澳规则，推动对外贸易投资更加自由便利。 实施"湾区通"工程，推进与港澳规则衔接、机制对接。实施湾区"社保通""港澳药械通"，推进专业领域职业资格互认。粤港澳三地于2023年4月共同发布25个领域110项"湾区标准"，12月公布首批15个"湾区认证"项目。"深港通""债券通""南向通""跨境理财通"等措施落地。优化外国人来华工作审批流程，"澳车北上""港车北上""经珠港飞"政策落地实施。

强化数字赋能，推动政务服务更加高效便捷。 以数字化促进政务服务"指尖办理"，截至2023年年底，"粤省事"实名注册用户1.85亿人，"粤商通"上线高频涉企服务4203项。以数字化推动政策落地兑现，"粤商通"上线涉企政策"一键通"，首批上线125项政策干货。"粤财扶助"开放申报项目1995个，惠及企业32万家。建成"跨省通办"事项管理中枢系统，实现100项高频事项粤港澳大湾区跨境通办。以数字化赋能招商引资，上线"投资广东"平台，发布招商资源6353个。

聚焦公平竞争，推动市场环境更加公平有序。 建立不正当干预全国统一大市场建设问题线索归集、核查和整改机制。开展妨碍公平竞争、招标投标和政府采购违反统一市场建设等重点领域专项整治，解决企业投资兴业老大难问题。围绕企业生产经营全周期迭代升级上千项改革举措，在商事登记、投资审批、用电、纳税等重点领域压减时间、优化流程，部分指标已达到国际先进水平。

加强法治保障，推动法治环境更加公平公正。出台优化营商环境条例、社会信用条例、外商投资权益保护条例、知识产权保护条例等法规，保障经营主体合法权益。提升监管执法效能，推行部门联合开展"双随机、一公开"监管。率先出台推进包容审慎监管的指导意见，制定免强制清单，探索实施执法"观察期"和非现场监管。加强知识产权保护，建成粤港澳知识产权大数据综合服务平台，支持广州、深圳开展全国首批知识产权保护示范区建设和商业秘密保护创新试点。

《 广州营商环境改革：从1.0到6.0 》

营商环境是企业生存发展的土壤，也是城市发展的软实力。广州持续推进营商环境改革从1.0到6.0迭代升级，颁布540余条具体举措，市场主体活力持续迸发。截至2023年上半年，广州市场主体总量达327.83万户。

营商环境1.0改革：2018年10月，印发《广州市营商环境综合改革试点实施方案》，以"简政放权"为主线，提出43项改革措施，优化政府审批、运行、管理环节。

营商环境2.0改革：2019年3月，出台《广州市进一步优化营商环境的若干措施》，以"指标攻坚"为主线，提出43项改革措施，聚焦指标领域突出问题，着力降低企业制度性交易成本。

营商环境3.0改革：2020年1月，印发《广州市对标国际先进水平　全面优化营商环境的若干措施》，以"流程再造"为切入点，提出82项改革举措，实施跨部门审批服务革命性流程再造。

营商环境4.0改革：2021年5月，从细微处着手，提出35项改革举措，围绕市场需求和政府能力建设，提升营商环境改革精细化、精准化水平。同年入选全国首批营商环境创新试点城市。

营商环境5.0改革：2022年1月，以"激发活力"为主线，提出40项重点改革任务、299项改革举措，着力破除阻碍市场主体投资兴业的体制机制障碍，更大力度地激发市场主体活力、社会创造力。

营商环境6.0改革：2023年8月，以"宜商兴业"为主线，推出具体改革措施39项，着力于降低企业成本和优化产业生态，全力打造企业综合成本最低、产业生态最优的国际一流营商环境标杆城市。

3. 广东优化营商环境的战略方向

广东要充分发挥好政府作用，着力培育市场化、法治化、国际化一流营商环境"沃土"，推动新质生产力快速形成、蓬勃发展。

全面深化市场化改革。着力破解制约要素供给的体制机制障碍，提高要素资源配置效率，推动科技、人才、资金、土地、数据等要素资源向新质生产力集聚。加快建设"广东工业大脑"，建立全省政务数据资源整合共享机制，以广州、深圳数据交易所为枢纽构建数据产业生态，打通各类数据要素赋能新质生产力的渠道。加强新质生产力发展资金保障，设立新质生产力发展专项资金，鼓励知识产权质押、产业链金融与供应链金融等金融产品创新。加快建设粤港澳大湾区高水平人才高地，深化粤港澳大湾区产业人才合作，大力实施省级人才计划，建立健全"产教评"融合发展产业技能人才培育生态体系，提升技能人才供给水平。加强项目国土空间规划和用地用林用海指标保障。

提升政务服务效能。深入推进"放管服"改革，深化"数字政府2.0"建设，加快构建全时在线、渠道多元的一体化政务服务体系。推广电水气网等市政公用服务信息共享、联合办理。强化制造业涉企行政许可改革和精准服务，统筹推进"证照分离"改革和"一照通行"，探索"一证多址"。支持广州、深圳营商环境创新试点城市建设，建立珠三角地区和粤东粤西粤北地区优化营商环境对口帮扶长效机制。发挥各级各类政企沟通平台作用，为符合条件的制造业企业开展投资并购和资产重组大项目开辟绿色通道。加强政务服务标准化建设，构建一体化基层政务服务体系。构建亲清统一的新型政商关系，促进政企良性互动。

营造公平竞争环境。坚持"两个毫不动摇"，营造公有、非公经济以及内外资企业一视同仁、公平竞争的市场环境。鼓励引导民营资本参与新质生产力发展相关项目工程，不得以任何形式增设民营企业准入条件。以"百千万工程"为抓手，制定县域优化营商环境方案，推动县域政务、投资、市场、城乡、法治和人文环境综合优化提升，充分撬动民间资本参与县域经济发展。降低民营企业生产经营成本，切实落实更大规模减税降费政策。全面实施市场准入负面清单制度，定期评估、排查、清理各类显性和隐性壁垒，推动"非禁即入"普遍落实。全面落实公平竞争审查制度，完善第三方审查和评估机制，建立健全粤港澳大湾区竞争政策与法律有效实施合作交流机制。完善不正当竞争司法审查机制。

提升法治保障水平。推进高标准市场体系建设，完善产权保护、市场准入、公平竞争等制度。建立健全现代产权制度，完善新领域新业态知识产权保护制度，探索省市共建海外知识产权联合指导机制。依法保障经营主体合法权益，推行规范执法、柔性执法和包容审慎监管。深化司法责任制综合配套改革，推进基层多部门联合执法。提高执法规范性，全面推进严格规范公正文明执法。实施行政执法减免责清单制度，探索实施执法"观察期"制度。全面建立企业信用状况综合评价体系。完善多元纠纷化解机制。

推进高水平对外开放。提升外商投资服务水平，全面实施外商投资准入前国民待遇加负面清单管理制度，对外资企业高频事项实行"一站式"服务。加强对外投资服务，建设中国企业"走出去"综合服务基地。持续提升跨境贸易便利化水平，建立跨境贸易大数据平台，推动各类主体信息系统对接和数据实时共享，推进全流程物流作业无纸化，推动建立多式联运公共信息平台。推进大湾区规则衔接标准对接，探索开展科研设备、耗材跨境自由流动，优化港澳专业人士在大湾区内地的职称申报评审机制。

培育营商环境文化。加强法治文化、诚信文化、开放文化建设，培育全社会的法治信仰和法治思维，倡导诚信经营、诚信服务，推动形成开放包容、互利共赢的营商环境氛围。弘扬企业家精神和工匠精神，完善表彰激励机制。挖掘利用工业遗产景观、现代观光工厂、现代工程景观等特色资源，推出更多广东工业旅游精品线路，培育一批工业文化研学实践基地（营地）。将新质生产力知识普及和实践实训融入中小学教育课程，支持和鼓励大国工匠、工程师、企业家进课堂，通过多样式作品、全媒体矩阵加强文化传播。

4. 以培育发展新质生产力助推"百千万工程"高质量发展

城乡区域发展不平衡是广东的基本省情，乡镇县域同时也是广东高质量发展的最大潜力板所在。省委部署实施"百县千镇万村高质量发展工程"（简称"百千万工程"），是进一步拓展发展空间、激活发展动能的战略举措，是绘就城乡区域协调发展新画卷、实现发展为民惠民富民的必然要求。实施"百千万工程"的重点在于改革创新，核心在于大抓产业发展，关键在于培育发展新质生产力。对县乡镇域来说，因地制宜发展新质生产力，就是要打破城乡二元结构，更好地统筹县的优势、镇的特色和村的资源，依托珠三角产业向粤东粤西粤北地区有序转移，以产业共建、产业共强全面壮大县域经济，辐射带动强县促镇带村，实现城乡优势互补、资源共享、融合发展、共同繁荣。因此，培育发展新质生产力是广东推进实施"百千万工程"的重要引擎和关键所在，将为广东城乡区域协调发展注入源源不断的新动能。

要突出改革创新。聚焦扩权强县（区）和强县（区）扩权改革、镇街体制改革、城乡融合发展体制机制改革、农村金融改革、"三块地"等农村综合改革、人才体制机制改革，加快激活高质量发展的潜力板。①

要促进要素流动集聚。强化要素保障，着力解决用地难、引才难、融资难等问题，引导土地、人才、资金等要素向新兴产业、重点产业汇聚，夯实新质生产力发展根基。

要推动产业转型升级。依托"万亩千亿"大产业平台，统筹培育本地产业和积极承接外部产业，促进产业转型升级。充分挖掘县域特色资源禀赋，做好"土特产文章"，促进第一、二、三产业融合发展，打造具备竞争优势的特色产业，形成"产供销"一体化产业链。

要积极发挥政府作用。统筹资源匹配和落地规划，结合实际制定产业、土地、金融等配套支持政策；推动公共服务设施提标扩面、环境基础设施提级扩能、产业配套设施提质增效、城乡产城融合发展；优化营商环境，建立珠三角地区和粤东粤西粤北地区优化营商环境对口帮扶机制。

---

① 《全省县区党政正职高质量发展能力培训暨"百县千镇万村高质量发展工程"专题培训班开班》，南方新闻网2023年5月18日。

八 广东发展新质生产力的优势与展望

广东作为全国第一经济大省和改革开放的排头兵、先行地、实验区，在中国式现代化建设的大局中地位重要、作用突出。高质量发展是广东通向现代化的必由之路，广东培育发展新质生产力基础扎实、家当厚实。要深刻认识发展新质生产力的极端重要性、现实紧迫性，深入学习贯彻习近平总书记关于发展新质生产力的重要论述，发挥科技创新的引领作用，扎实守稳产业根基，充分释放大湾区的发展潜力，全方位、多层次、立体化地推动新质生产力的发展，奋力把广东建设成为发展新质生产力的重要阵地。

（一）广东培育发展新质生产力的战略意义

党的十八大以来，习近平总书记高度重视广东、时刻关心广东，习近平总书记称赞道，"广东这40年非常了不起，创造了许多全国第一"，寄望广东"在推动高质量发展上聚焦用力，发挥示范引领作用"。2023年4月，习近平总书记再次亲临广东，一以贯之要求广东走在前列、作出示范。在以习近平同志为核心的党中央坚强领导下，广东在经济社会发展的方方面面都取得了显著成就，为发展新质生产力打下了坚实的基础。当前，世界经济不确定性和脆弱性日益增强，广东面临经济外向度高、产业和区域发展不平衡、关键核心技术"卡脖子"等挑战。因此，推进产业科技创新、发展新质生产力有着极端重要性、现实紧迫性，必将是一场艰苦的竞速赛、耐力赛、接力赛。

1. 破局产业桎梏，助力广东迈向高端智能时代

传统产业仍为广东经济重要支撑力量，传统制造业对规模以上制造业营业收入的贡献率超过30%。广东传统产业企业在向高端化、智能化、绿色化、融合化转型升级的过程中，尽管取得了一定的进展，但依然面临资源配置不足、发展不均衡等难题。从产业结构升级的视角来看，推动新质生产力的发展成为破解产业难题的关键。新质生产力的核心在于，借助先进的科技

成果与创新机制，对传统的生产模式进行深度重构与革新，引导广东省传统制造业逐步向高附加值、高技术含量、低环境影响的高端制造业与战略性新兴产业转变，系统性地提升整个产业链的现代化水平与综合效能，促进产业链整体向更高价值环节延伸。

2. 解锁"卡脖子"环节，夯实广东科技自立自强根基

广东创新链、产业链、供应链仍存在明显薄弱环节，关键核心技术"卡脖子"问题突出，尤其是在芯片、操作系统、数据库、高端机床、精密仪器、高性能材料等领域。高端芯片自给率只有14%左右；关键元器件、专用电子设备发展相对滞后，半导体照明产业上游的大功率LED芯片、外延设备以及工业机器人精密减速器等核心零部件对外依存度较大；新能源汽车产业相关的电机、电池、电控等关键技术也长期受制于人。广东要聚焦创新驱动，加快构筑新质生产力，通过强化关键技术自主可控、核心零部件国产化的产业链构建，打破对外部技术的过度依存，提升产业链的自主性与韧性，构建一套抗风险能力强的产业链安全体系，夯实科技自立自强根基。

3. 协调区域发展，激发广东全域协同发展活力

广东省内区域发展不协调不平衡局面尚未扭转，粤东、粤西及粤北山区在经济发展上明显滞后，形成了一种头部地区强势、尾部地区乏力的"头重脚轻"格局。此外，广东省创新能力的培育与释放过度依赖深圳，深圳在发明专利授权量与有效发明专利

持有量方面分别占据了全省总量的62.22%和63.85%，凸显省内创新资源高度不平衡的现实。广东省亟须加快发展新质生产力，通过数字经济、人工智能与生物科技等新兴产业释放的新质生产力，重塑传统生产函数与产业边界，打破创新资源的地域性壁垒，推动创新要素在全省范围内自由流动与高效配置，构建覆盖全省、各具特色、协同发展的区域创新体系，实现全省协调发展与共同繁荣。

4. 重塑出口结构，助力广东勇攀全球价值链高峰

面对全球复杂多变的经济形势及一系列严峻挑战，广东难以避免遭受全球经济衰退、国际贸易与投资活动放缓等外部不利因素的冲击。2023年，广东省的外贸进出口总值为8.3万亿元人民币，同比增长了0.3%，相比浙江省4.6%的增长速度，广东稳住外贸基本盘面临较大压力。在国际贸易形势低迷的大背景下，广东省必须以新质生产力为引领，积极培育与拓展出口新业态，推动出口结构迈向更高附加值、更高技术含量的阶段，稳步提升在全球价值链中的地位，确保在全球贸易疲软的态势中强化竞争优势，有效应对全球经济波动与贸易保护主义升温带来的威胁。

（二）广东发展新质生产力的优势

推进产业科技创新、发展新质生产力是广东的战略之举、长远之策。党的十八大以来，习近平总书记五次亲临广东，对广东推动高质量发展、做大做强实体经济、以科技创新推动产业创新作出谆谆教导，提出明确要求。广东深入学习贯彻习近平新时代中国特色社会主义思想和视察广东重要讲话重要指示精神，作出省委"1310"具体部署。2024年全省高质量发展大会提出，推动产业和科技互促双强，全面提升科技高水平自立自强能力，加快建设现代化产业体系，塑造发展新动能、新优势。广东率先开启培育新质生产力、推动高质量发展的实践探索，并取得了显著成效。

《 广东省委"1310"具体部署 》

2023年，中共广东省委十三届三次全会提出"1310"具体部署。

1：锚定"走在前列"总目标。

3：激活改革、开放、创新"三大动力"。

10：奋力实现"十大新突破"。

①纵深推进新阶段粤港澳大湾区建设，在牵引全面深化改革开放上取得新突破；

②始终坚持实体经济为本、制造业当家，在建设更具国际竞争力的现代化产业体系上取得新突破；

③一体推进教育强省、科技创新强省、人才强省建设，在实现高水平科技自立自强上取得新突破；

④深入实施"百县千镇万村高质量发展工程"，在城乡区域协调发展上取得新突破；

⑤全面推进海洋强省建设，在打造海上新广东上取得新突破；

⑥深入推进绿美广东生态建设，在打造人与自然和谐共生的现代化广东样板上取得新突破；

⑦扎实推进文化强省建设，在努力交出物质文明和精神文明两份好的答卷上取得新突破；

⑧用心用情抓好民生社会事业，在推动共同富裕上取得新突破；

⑨扎实推进法治广东平安广东建设，在构建新安全格局上取得新突破；

⑩坚定不移加强党的全面领导和党的建设，在营造良好政治生态上取得新突破。

1. 庞大的经济体量为发展新质生产力打下基础

2023年，广东地区生产总值在全国率先突破13万亿元，占全国GDP总量的10%以上，连续35年居全国第一；人均地区生产总值提高到10.72万元，达到高收入国家或地区收入标准；地方一般公共预算收入提升至1.39万亿元，连续33年居全国第一。庞大的经济体量为广东率先发展新质生产力打下坚实基础。

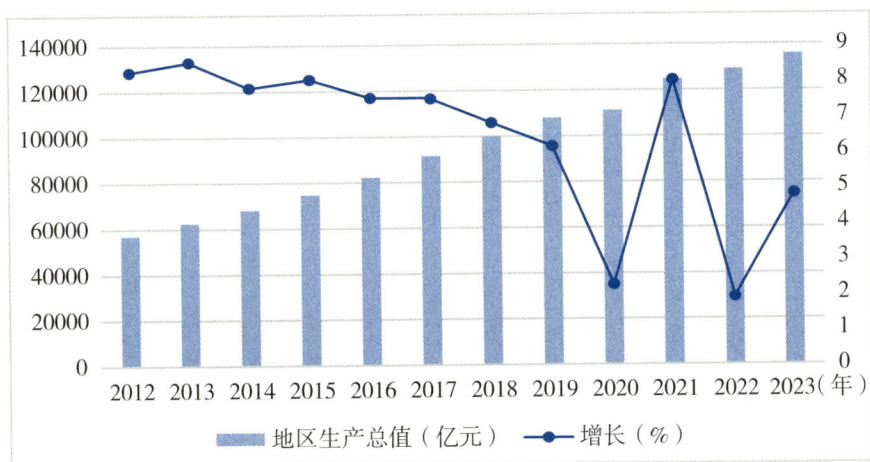

图8-1　2012—2023年广东地区生产总值和增速

资料来源：根据《广东统计年鉴》整理。

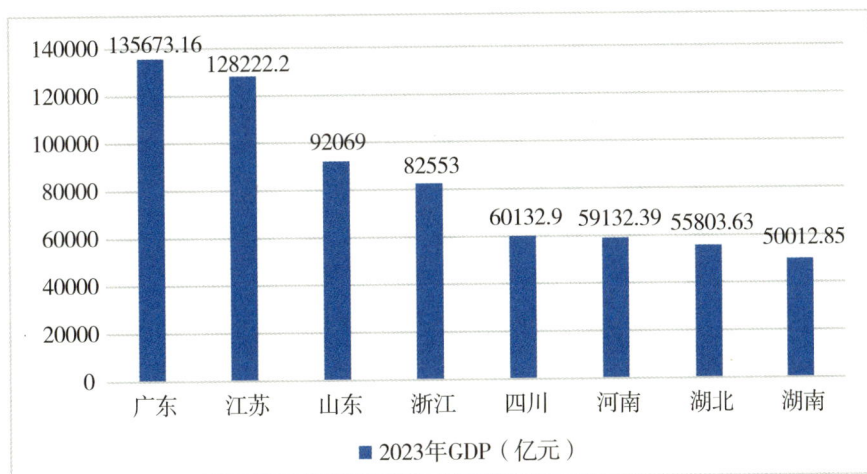

图8-2　2023年部分省份GDP

资料来源：根据相关省份2024年政府工作报告整理。

2. 完备的产业体系夯实新质生产力发展的产业根基

党的十八大以来，广东在保持经济中高速发展、经济体量不断扩大的同时，持续推动经济结构调整优化和产业转型升级，现代化产业体系建设成效显著，不断夯实新质生产力发展的产业根基。

三次产业结构持续优化。 2023年，广东三次产业结构比重为4.1∶40.1∶55.8，其中，第一产业增加值5540.70亿元，同比增长4.8%，第二产业增加值54437.26亿元，同比增长4.8%，第三产业增加值75695.21亿元，同比增长4.7%，三次产业结构持续优化，"三二一"的产业格局进一步夯实。

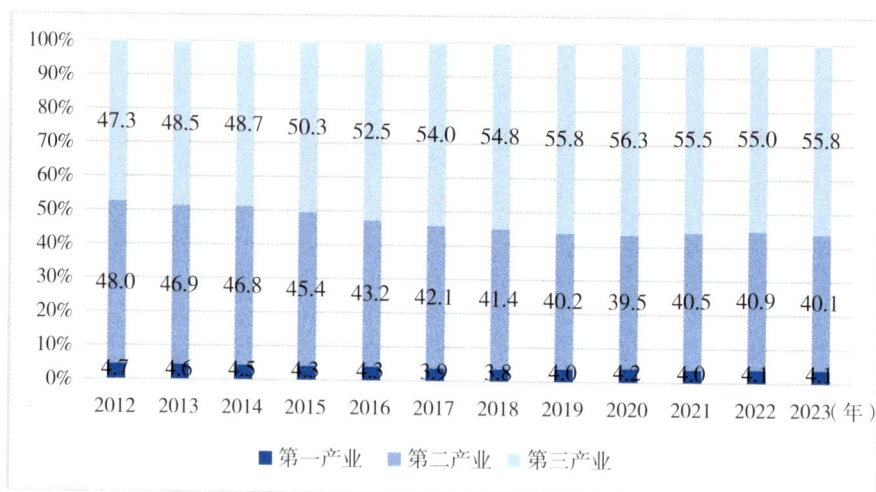

图8-3　2012—2023年广东三次产业结构（%）

资料来源：根据《广东统计年鉴》整理。

新型工业化深入推进。 党的十八大以来，广东鲜明提出"实体经济为本、制造业当家"的战略决策，坚持传统产业、战略性新兴产业、未来产业并举，扎实推进新型工业化，制造强省建设迈出坚实步伐。截至2023年，广东制造业规模占全国1/8，拥有全国41个工业门类中的40个，拥有制造业全部31个国民经济大类，其中15个规模居全国首位，是我国工业体系完整度最高的省份。2023年，广东规模以上工业增加值突破4万亿元，增长4.4%；工业、十大战略性支柱产业、十大战略性新兴产业对社会经济发展的"压舱石"作用进一步凸显。

数字经济强省建设成效显著。党的十八大以来，广东坚持把数字经济作为推动经济社会高质量发展的新引擎，数字产业创新发展步伐加快，产业数字化转型进程提速升级。中国信息通信研究院测算数据显示，2022年，广东数字经济规模达到6.41万亿元，占地区生产总值比重达49.7%，总体规模连续6年居全国第一，其中，电子信息制造业销售产值达到4.4万亿元，连续32年居全国第一。

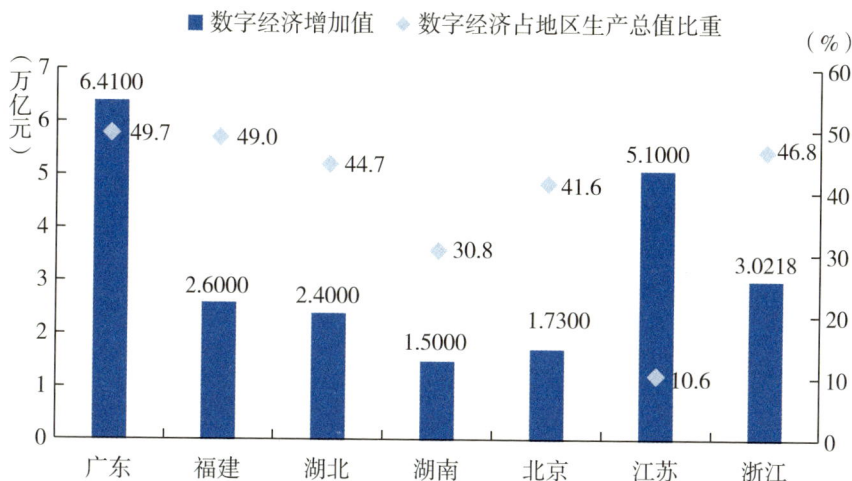

图8-4　2022年部分省市数字经济增加值及占地区生产总值比重

资料来源：相关省市政府网站，其中，江苏比重数据为数字经济核心产业增加值占地区生产总值比重。

海洋强省建设持续推进。截至2022年，广东海洋生产总产值18033.4亿元，占全国海洋生产总值的19.1%，海洋生产总量连续28年居全国第一，三次海洋产业结构调整为3.0∶31.9∶65.1，基本形成了门类齐全、优势突出、以现代产业为主导的海洋产业体系。

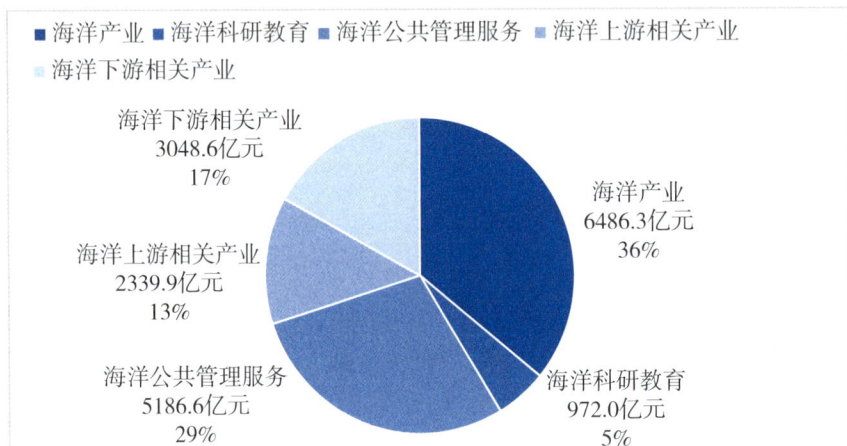

图8-5　2022年广东海洋生产总值构成（亿元）

资料来源：根据广东省自然资源厅、广东省发展和改革委员会编著《广东海洋经济发展报告（2023）》整理。

文化产业繁荣发展。依托丰厚独特的文化资源和产业优势，广东大力推进文化强省建设，大力发展以移动泛在、智能交互、沉浸体验、高清视频呈现为特征的新型文化业态，以"文化+""互联网+"等新业态重塑文化产业格局。2022年，广东规模以上文化产业以21292.76亿元营业收入领跑全国，文化制造业绝对优势明显。

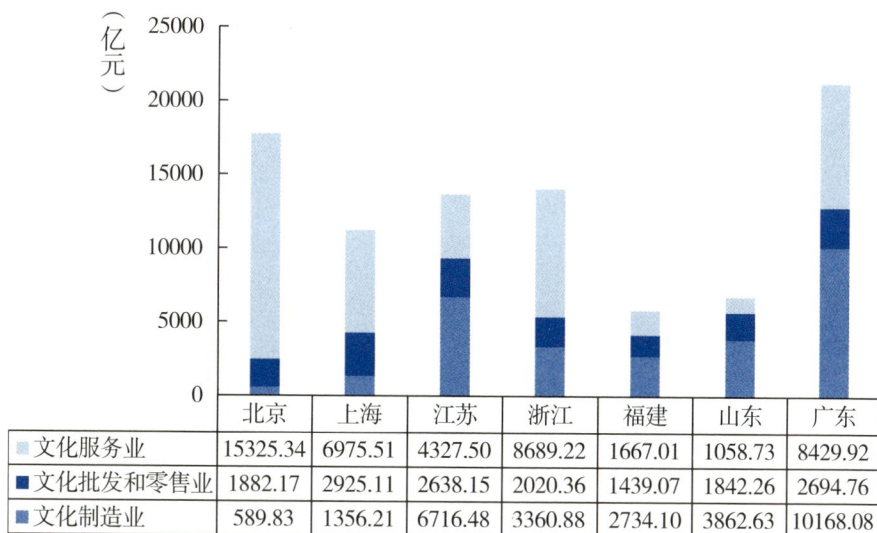

	北京	上海	江苏	浙江	福建	山东	广东
文化服务业	15325.34	6975.51	4327.50	8689.22	1667.01	1058.73	8429.92
文化批发和零售业	1882.17	2925.11	2638.15	2020.36	1439.07	1842.26	2694.76
文化制造业	589.83	1356.21	6716.48	3360.88	2734.10	3862.63	10168.08

图8-6　2022年中国主要省市规模以上文化产业营业收入

资料来源：根据《中国统计年鉴2023》整理。

3. 创新创造活跃催生新质生产力的强大动能

在新一轮科技革命和产业变革背景下，广东以粤港澳大湾区国际科技创新中心建设为牵引，加快构建"基础研究+技术攻关+成果转化+科技金融+人才支撑"的全过程创新生态链，加快推动以深圳河套、珠海横琴为"两点"，以广深港、广珠澳科技创新走廊为"两廊"的科技创新布局。在基础研究、核心技术攻关、创新主体培育、战略科技力量构建、创新人才培养等方面成果显著，催生出发展新质生产力的强大动能。

2023年，广东全省研发经费投入约4600亿元，R&D经费投入强度达3.39%，居全国第一，全省研发人员数量、发明专利有效量、高价值发明专利拥有量、有效注册商标量、PCT国际专利申请量均居全国第一。区域创新综合能力连续7年全国第一，"深圳—香港—广州"科技集群连续4年被世界知识产权组织评为全球创新指数第二名。

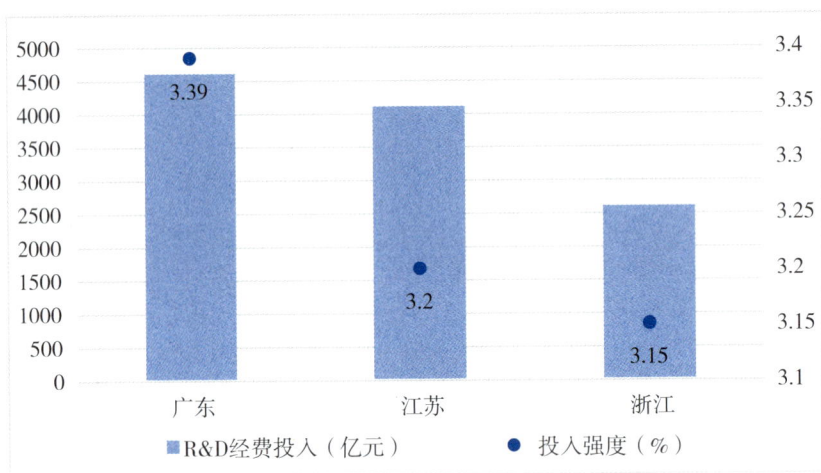

图8-7　2023年部分省份R&D经费投入

资料来源：根据相关省份2024年政府工作报告整理。

4. 四大红利为发展新质生产力提供广阔空间

党的十八大以来，广东充分发挥创新、政策、空间、市场等方面的优势，不断释放创新红利、政策红利、空间红利、市场红利，为发展新质生产力提供广阔空间。

创新红利。广东已经迈入创新型经济体行列，科技创新实力从量变向质变跃升，部署实施的大批科技创新攻关项目逐渐进入成果集中涌现期，代表技术进步的数字生产力、智能生产力、绿色生产力迅速壮大，为新质生产力发展注入源源不断的创新动能，推动实现"弯道超车""换道超车"。

政策红利。广东拥有粤港澳大湾区，深圳中国特色社会主义先行示范区，广东自由贸易试验区，横琴、前海、南沙、河套等国家重大合作平台，在制度创新、制度保障、机制对接、规则衔接等方面有着显著优势。从国家到省到各地市，均出台了一大批支持实体经济特别是制造业发展的政策，政策体系日益完善，政策效应逐步显现，为发展新质生产力提供了政策支持和制度保障。

空间红利。广东地处中国南部沿海，有着天然的地理区位优势，不断完善的交通基础设施体系进一步强化广东的空间资源禀赋；"百千万工程"、海洋强省建设等政策的深入实施，在推进区域协调、城乡一体、陆海统筹中进一步拓展实体经济和制造业版图，在珠三角与粤东粤西粤北地区合理分工、有效协同中优化产业发展布局，为发展新质生产力提供更大空间。

市场红利。广东有1.27亿多常住人口，1800多万户经营主体，蕴含巨大的消费潜力和市场活力。广东背靠国内、面向国际，依托国际国内两个市场，以粤港澳大湾区建设与共建"一带一路"深度融合发展为抓手打造新发展格局的战略支点，强化畅通国内大循环和联通国内国际双循环的功能，发展新质生产力市场空间广阔。

（三）未来展望：奋力建设发展新质生产力的重要阵地

广东要建设成为新质生产力的重要阵地，必须深刻把握发展新质生产力的本质要求和重要原则，聚焦科技创新，坚持实体经济为本、制造业当家，统筹推进传统产业升级、新兴产业壮大、未来产业培育，推动产业科技互促双强。

1. 拼出优势传统产业转型升级新速度

广东发展新质生产力，必须聚焦转型引领，以数字化赋能推进产业智能化发展，以完善绿色制造体系为抓手打造绿色增长新动能，以创新驱动推进制造业企业提质增效。要针对不同传统行业的具体特点，出台政策，分类指导，推动传统产业从研发设计、生产运营优化、仓储物流、供应链整合、平台服务升级、商业模式创新、大数据挖掘应用等关键环节，走出提升优化的路径，不断提高广东制造的"含智量""含绿量""含金量"，推动广东制造实现结构性调整、系统性优化、整体性跃升。

2. 壮大战略性新兴产业新体量

广东要聚焦创新驱动，加快构筑新质生产力，夯实科技自立自强根基。要以粤港澳大湾区国际科技创新中心建设为"纲"，积极融入全球产业链、供应链和价值链，提升主导产业在全国乃至全球产业链关键环节的把控力和竞争力。加快建设网络化、智能化、绿色化、协同化的融合基础设施，夯实新质生产力发展根基。要围绕产业链"卡脖子"环节加强基础研究，增强科技创新成果供给力，整合技术链、创新链、产业链，为战略性新兴产业和未来产业发展服务。加快锻造新质生产力的主力军，以"链主"带动新质生产力产业集群。

3. 开拓未来产业布局新赛道

未来产业是广东构建现代化产业体系的重要组成部分，也是面向未来塑造产业新动能的重大战略选择。发展新质生产力，布局建设未来产业，关键在于平台建设。广东要强化平台建设，坚持以"高精尖缺"为导向，聚焦科技前沿和关键核心技术等重点领域，充分发挥横琴、前海、南沙、河套等重大创新合作平台的作用，辐射带动全省。要强化产业创新，发挥粤港澳大湾区超大城市群的产业引领带动作用，统筹推进科技和产业融合，选择有望形成千亿元级、万亿元级规模的前沿产业方向，打造未来产业发展矩阵。重点发展未来电子信息、未来智能装备、未来生命健康、未来材料、未来绿色低碳等五大未来产业集群，抢占6G、新一代人工智能、量子科技、基因技术、深海空天等产业发展战略制高点。

4. 打造粤港澳大湾区科创新高地

粤港澳大湾区拥有强大的科技创新能力，是全国乃至全球重要的科技创新中心之一。广东应充分发挥大湾区科技创新的引领作用，联结内外循环的区位优势和聚合国内国外两种资源的经济实力，加强对内联系，全方位发挥其联通世界的窗口优势。通过建立跨区域的科研平台和联合实验室，促进科技资源共享和科研成果转化，加强与国内外顶尖科研机构和企业的合作，引进和吸收国际先进技术，推动原创性、颠覆性科技创新，打造引领新质生产力发展的重要动力源，释放大湾区的发展潜力。

5. 激发广东改革开放新活力

发展新质生产力，广东要继续深化改革开放，抓紧推进地方科技管理机构改革，完善科研机构管理体制，切实打通束缚新质生产力发展的堵点卡点。政府应在科技创新中发挥引导和服务作用，促进有为政府和有效市场结合，进一步提升生产要素配置效率。发展新质生产力，要扩大高水平对外开放，实施招商引资"一把手工程"，推动外贸提质增效，深化对外开放合作，积极参与共建"一带一路"，积极推进国际科技合作，增强对高端人才和国际先进技术等全球资源要素的吸引力。

主要参考文献

1. 《习近平新时代中国特色社会主义思想专题摘编》，党建读物出版社、中央文献出版社2023年版。

2. 中共中央办公厅、国务院办公厅：《关于进一步加强青年科技人才培养和使用的若干措施》，2023年8月。

3. 中共中央：《关于深化人才发展体制机制改革的意见》，2016年3月。

4. 人力资源社会保障部、国家发展改革委、教育部、科技部、财政部、国务院国资委、全国总工会：《关于实施高技能领军人才培育计划的通知》，2024年1月。

5. 中共广东省委办公厅、广东省人民政府办公厅：《关于加强新时代广东高技能人才队伍建设的实施意见》，2024年1月。

6. 广东省人力资源和社会保障厅：《关于做好产教评技能生态链学徒制培训工作的通知》，2024年1月。

7. 广东省人力资源和社会保障厅：《广东省深化技工院校教师职称制度改革实施方案》，2023年8月。

8. 广东省人力资源和社会保障厅：《关于进一步加强高技能人才与专业技术人才职业发展贯通的实施方案》，2022年3月。

9．广东省科学技术厅、广东省财政厅：《关于深入推进省基础与应用基础研究基金项目经费使用"负面清单+包干制"改革试点工作的通知》，2022年4月。

10．广东省科学技术厅、广东省教育厅、广东省工业和信息化厅、广东省公安厅、广东省财政厅、广东省人力资源和社会保障厅、广东省农业农村厅、广东省卫生健康委员会、广东省人民政府港澳事务办公室：《关于减轻科研人员负担　激发创新活力的若干措施》，2022年6月。

11．广东省科学技术厅：《关于继续开展外籍和港澳台高层次人才认定工作的通知》，2022年5月。

12．曹建云：《广东省战略性新兴产业核心竞争力评价及培育研究》，经济科学出版社2021年版。

13．中国科学院科技战略咨询研究院：《构建现代产业体系：从战略性新兴产业到未来产业》，机械工业出版社2023年版。

14．郭跃文：《广东培育和勃发新质生产力的生动实践》，《南方日报》2024年3月4日。

15．郭跃文：《奋力建设发展新质生产力的重要阵地》，《南方日报》2024年3月18日。

16．李宜航：《加快形成和发展新质生产力》，《羊城晚报》2024年1月4日。

17．胡健、李刚：《不断提高产业"含智量""含绿量""含金量"——广东加快推进制造强省建设（深入推进新型工业化）》，《人民日报》2023年12月5日。

18．黄群慧、盛方富：《新质生产力系统：要素特质、结构承载与功能取向》，《改革》2024年第2期。

19．黄群慧：《论中国工业的供给侧结构性改革》，《中国工业经济》2016年第9期。

20．周文、许凌云：《论新质生产力：内涵特征与重要着力点》，《改革》2023年第10期。

21．李政、廖晓东：《发展"新质生产力"的理论、历史和现实"三重"逻辑》，《政治经济学评论》2023年第6期。

22．李扬、张晓晶：《"新常态"：经济发展的逻辑与前景》，《经济研究》2015年第5期。

23．贾若祥、王继源、窦红涛：《以新质生产力推动区域高质量发展》，《改革》2024年第3期。

24．剧锦文：《战略性新兴产业的发展"变量"：政府与市场分工》，《改革》2011年第3期。

25．胡莹：《新质生产力的内涵、特点及路径探析》，《新疆师范大学学报（哲学社会科学版）》2024年第4期。

26．高帆：《"新质生产力"的提出逻辑、多维内涵及时代意义》，《政治经济学评论》2023年第6期。

27．李娅、官令今：《规模、效率还是创新：产业政策工具对战略性新兴产业作用效果的研究》，《经济评论》2022年第4期。

28．石建勋、徐玲：《加快形成新质生产力的重大战略意义及实现路径研究》，《财经问题研究》2024年第1期。

29．蒲清平、黄媛媛：《习近平总书记关于新质生产力重要论述的生成逻辑、理论创新与时代价值》，《西南大学学报（社会科学版）》2023年第6期。

30．余东华、马路萌：《新质生产力与新型工业化：理论阐释和互动路径》，《天津社会科学》2023年第6期。

31．魏崇辉：《新质生产力的基本意涵、历史演进与实践路径》，《理论与改革》2023年第6期。

32．张银银、邓玲：《创新驱动传统产业向战略性新兴产业转型升级：机理与路径》，《经济体制改革》2013年第5期。

33．韩永辉、罗瑞霖、谭舒婷：《新旧动能转换下产业政策动态演进研究——基于广东战略性新兴产业案例的机理解析》，《新经济》2024年第2期。

34．焦方义、张东超：《发展战略性新兴产业与未来产业加快形成新质生产力的机理研究》，《湖南科技大学学报（社会科学版）》2024年第1期。

35．肖琬君、冼国明：《RCEP发展历程：各方利益博弈与中国的战略选择》，《国际经济合作》2020年第2期。

36．贺平、沈陈：《RCEP与中国的亚太FTA战略》，《国际问题研究》2013年第3期。

37．陈朋亲、毛艳华：《粤港澳大湾区跨域协同治理创新模式研究——基于前海、横琴、南沙三个重大合作平台的比较》，《中山大学学报（社会科学版）》2023年第5期。

38．李志坚、叶茂桂、张丽娟：《粤港澳大湾区加快建设国际科技创新中心的现状、问题与对策》，《科技智囊》2023年第12期。

后 记

　　《新质生产力简论》是由中共广东省委宣传部点题布置编写的一本党员干部学习读物。在中共广东省委宣传部的精心指导下，广东省社科院、广东省习近平新时代中国特色社会主义思想研究中心联合省委党校、省社科联、中山大学、华南理工大学、暨南大学部分专家学者，以及省直有关职能部门的力量协同完成。旨在系统阐释习近平总书记关于新质生产力重要论述精神，结合广东省省情，阐明发展新质生产力的基本内涵、实践路径和发展方向。

　　广东省社科院向晓梅、郭跃文两位研究员担任主编，向晓梅研究员负责全书框架设定、内容把关、形式呈现、团队整合和沟通协调，郭跃文研究员对全书进行统稿和审定。全书共为九个部分，具体分工是：绪言部分，梳理了习近平总书记有关新质生产力理论的系列重要论述，概述本书的框架和特点，由郭跃文、黄璘泰撰写。第一部分，新质生产力理论的提出，从马克思主义生产力理论及其发展出发，扼要分析了新质生产力理论提出背景、意义以及广东的贯彻落实，由郭跃文、胡霞、孙小哲、郑红军撰写。第二部分，新质生产力的内涵与特征，从新质生产力形成的动力源、三要素、重要特征、核心标志、功能价值、发展路径、发展方法论七个维度对习近平总书记关于新质生产力的重要论述作出了系统阐释，由向晓梅、丁晋清、杨娟、胡莹撰写。第三部分，科技创新——新质生产力发展的根本动力，分析了科技创新是新质生产力的动力，并从产业科技互促双强方面围绕颠覆性技术突破、创新主体培育、创新成果转化等对广东推进科技创新实践、思路进行了分析，由李胜会、胡晓珍、向晓梅、李源撰写。第四部分，产业引领——新质生产力发展的支撑载体，阐述了新质生产力的核心产业形态，从传统优势产业转型升级、战略性新兴产业培育、未来产业布局、数实融合等方面对广东实践成效及未来构想作了分析，由向晓梅、胡晓珍、林正静、王秀婷撰写。第五部分，绿色发展——新质生产力发展的鲜明底色，阐明了新质生产力本身就是绿色生产力，就绿美广东生态建设、发展方式向绿色低碳转型等方面的实践成效及战略方向作了分析，由王廷惠、孙小哲、庄伟光、黄璘泰撰写。第六部分，开放平台——新质生产力发展的广阔空间，在分析扩大高水平对外开放为新质生产力营造良好环境的基础上，对广东对外开放实践及方向、粤港澳大湾区"4+13"合作平台建设进行了分析，由毛艳华、童玉芬、陈再齐、张拴虎撰写。第七部分，体系支撑——新质生产力发展的孕育沃土，分析了通过全面深化改革打通束缚新质生产力发展的堵点卡点的重要性紧迫性，从人才根基、金融引擎、营商环境优化等方面分析了广东为新质生产力提供的支撑保障，由李宜航、刘佳宁、何颖珊、童玉芬撰写。第八部分，广东发展新质生产力的优势与展望。在分析广东发展新质生产力的战略意义和优势的基础上，提出了未来设想及建议，由顾乃华、王廷惠、林正静、燕雨林撰写。

中共广东省委宣传部出版处、理论处承担了本书编写的协调工作，广东人民出版社社长肖风华、总编辑黄少刚、副总编辑卢雪华具体指导出版事宜。在编写过程中，得到了中共广东省委组织部、广东省发展和改革委员会、广东省科学技术厅、广东省工业和信息化厅、广东省自然资源厅、广东省人力资源和社会保障厅、广东省生态环境厅、广东省人民政府国有资产监督管理委员会等部门以及中共广东省委党校、广东省社会科学界联合会、中山大学、华南理工大学、暨南大学等单位的支持和帮助，广东财经大学郑贤操、广东省社会科学院张造群、中山大学李胜兰等专家提供了宝贵的意见建议，在此一并谨致谢忱。

由于时间紧，书中难免存在疏漏之处，欢迎广大读者专家批评指正。

《新质生产力简论》编写组
2024年4月